黑龙江省
国有林权改革效果评价
及配套政策研究

STUDY ON EVALUATION OF STATE-OWNED FOREST TENURE REFORM AND RELEVANT POLICIES IN HEILONGJIANG PROVINCE

仲维维 | 著

中国林业出版社

图书在版编目(CIP)数据

黑龙江省国有林权改革效果评价及配套政策研究/仲维维著.
—北京：中国林业出版社，2013.1
ISBN 978-7-5038-7050-7

Ⅰ.①黑… Ⅱ.①仲… Ⅲ.①国有林－产权－经济体制改革－评价－黑龙江省②国有林－林业政策－研究－黑龙江省 Ⅳ.①F326.273.5

中国版本图书馆CIP数据核字(2013)第103347号

黑龙江省国有林权改革效果评价及配套政策研究

STUDY ON EVALUATION OF STATE-OWNED FOREST TENURE REFORM AND RELEVANT POLICIES IN HEILONGJIANG PROVINCE

仲维维 著

责任编辑 吴 卉
出版发行 中国林业出版社
邮编：100009
地址：北京市西城区德内大街刘海胡同7号 100009
电话：010－83220109
邮箱：jiaocaipublic@163.com
网址：http://lycb.forestry.gov.cn
经　　销 新华书店
印　　刷 北京中科印刷有限公司
版　　次 2013年1月第1版
印　　次 2013年1月第1次印刷
开　　本 787mm×960mm 1/16
印　　张 11.5
字　　数 210千字
定　　价 35.00元

序

黑龙江省是我国林业大省，地方国有森林资源占重要位置，是我国重要的木材生产基地，但由于多年来的过量采伐，可采森林资源枯竭，国有林场发展缓慢。在伊春国有林区林权改革的试点工作的推动下，地方国有林权改革全面展开，本书从黑龙江省地方国有林权的视角，分析林权的理论属性与政策趋势。以期为林业主管部门、地方政府推动林权改革提供政策与建议。

作者在系统分析论述国内外森林资源产权制度、集体林权改革、国有林权改革等相关研究文献，深入黑龙江省国有林场实地调研的基础上，发现地方国有林业经营面积占黑龙江省林业经营总面积的1/2；其地处大、小兴安岭，松嫩，三江平原等重要生态地区，是我国主要的商品粮主产地区；推动林权改革，保住现有森林资源意义重大。因此，作者提出从地方国有林权改革入手，进行理论与实证研究，并提出对策建议的研究思路，独占研究视角。

本书首先对黑龙江省地方国有林场林权改革全部试点进行了实地调研，分析了黑龙江省国有林改革的现状。研究表明，从目前改革现状看国有林权改革促进了森林资源增长、森林资源管护工作成效显著，促进了社会资金向林业聚集，也促进了承包户对森林资源投工投劳，吸纳了部分劳动力，维护了国有林场社区的和谐稳定。但同时林场职工的收入基本没有变化，只是林改收益偿还了部分历史欠账，一定程度上缓解了林业局和国有林场的压力。其次，分析了黑龙江省地方国有林权改革的动因、特征及实质。指出其特征表现在制度供给与制度需求的非均衡性、产权契约的不完善性、国有林业职工的强参与性及地方政府的推动性。其改革的实质是赋权与规制、相关主体利益的重新分配、新国有林权制度与其他相关制度的适应相容间进行的博弈。再次，构建了黑龙江省国有林权改革的评价模型。运用非参数数据包络分析(DEA)方法，按照全面性、精简性、关联性、相对性和可操作性原则，以及各决策单元在质和量上的要求，选取了有林地面积、在岗职工人数、技术人员所占比例、资金投入 4 个投入指标，活立木总蓄积、国有林场产值 2 个产出指标，使用 DEAP2.1 软件基于投入导向的 BCC 模型对黑龙江省参与林改的 11 个国有林场和未参与林改的 19 个国有林场进行了效率评价。研究表明，无论是综合技术效率、还是规模效率、纯技术效率，参与林改的国有林场有效率均高于未参与林改的国有林场。最后，通过广泛的调研、座谈及讨论确定了黑龙江省国有林权改革的制约因素：现行的林木采伐限额管理制度不合理；森林资源资产评估体系不健全；林地林木流转体系不完善；林业投融资实行难；流转后经营者资金短缺；森林保险制度缺失；流转经营林地内的营林道路和防火等基础设施薄弱；林业社会化服务体系发育缓慢。从经济扶持、法律政策、科技服务等方面提出林权改革的宏观政策，从森林经理、森林采伐、林权流转等方面提出了微观配套政策。

总之，本书以黑龙江省地方国有林场实地调查资料、数据为基础，运用经济学分析、计量经济学定量分析等手段，分析研究了林权改革试点工作开展后三年来政策与绩效，相信作者的第一手调研的数据、扎实经济学理论功底，严谨的推理过程，切实可行的操作措施，能为黑龙江省地方国有林权改革提供理论与实践支撑。但是，由于地方国有林权改革时间短、试点林场(所)数量及分布等因素的局限性，许多远期效益尚未显现，今后仍需跟踪此项研究工作，以期提供进一步的政策与建议。

2013 年 1 月

前　言

黑龙江省森林资源丰富，是全国重要的木材生产基地，其中国有林比重大，占林业总面积的93.2%。建国初期大规模开发建设以来，黑龙江省国有林长期超负荷地承担国家下达的木材生产任务和各项上缴指标，为国家经济建设做出了巨大贡献，也因此付出了惨痛的代价。国有森林资源下降，可采资源逐年减少，陷入了资源危机、经济危困的“两危”之中。虽然经过三十多年的改革，但是收效不大，深层次的改革没有触及，事实证明，黑龙江省国有林权改革势在必行。

本书的研究范畴系地方国有林，即“黑龙江省林业厅辖属即地方国有林区”。黑龙江省林业厅于2007年制定了《黑龙江省森林、林木、林地流转试点管理办法》，实施国有林权改革试点。此次试点是林业经营管理体制的重大创新，是贯彻科学发展观、落实中央关于林权改革精神，构建社会主义新林区的重大举措。

在分析国内外研究成果的基础上，以产权理论、制度经济学理论为支撑；运用经济学分析方法、数据包络分析方法、解释结构模型等定性和定量分析方法，对黑龙江省国有林权改革试点进行实地调查分析；通过对各国有林场的效率进行评价，并找出制约国有林权改革的因素进行诊断；最后提出黑龙江省国有林权改革的配套政策。

首先，在对国内外文献梳理，特别是对黑龙江省林情分析基础上，发现黑龙江省地方国有林占全省森林面积近1/2，对黑龙江省社会主义新林区建设意义重大，且生态地位十分重要，因此，提出以黑龙江省地方国有林权改革为切入点进行研究。在此基础上，对国有林权制度的经济缺陷及国有林权改革的经济功能进行经济学解释，解析了国有林权改革公平优先还是效率优先的辩证关系，为全书的研究提供理论支撑。

其次，分析了黑龙江省国有林权改革的动因与特征。研究表明：黑龙江省国有林权改革具有制度供给与制度需求的非均衡性、产权契约的不完善性、国有林业职工的强参与性及地方政府的主导性等特征；其改革的实质内容在于赋权与规制、相关主体利益的重新分配、新国有林权制度与其他相关制度的适应相容。

第三，阐述了黑龙江省国有林权改革的现状及效果，并应用定量方法对改革效率进行了评价。通过深入国有林权改革的6个市县、11个国有林场进行实地调查，运用描述性统计分析方法，从生态效果、经济效果和社会效果三个维度对黑龙江省国有林权改革效果进行评价。运用数据包络分析方法，对30个国有林场进行了效率评价及实证分析。研究表明：无论是综合技术效率、还是规模效率、纯技术效率，参与林改的国有林场有效率均高于未参与林改的国有林场。

第四，提出制约黑龙江省地方国有林权改革的主要因素。借鉴国内相关学者对伊春国有林区林权改革和南方集体林权改革的研究观点，通过广泛的调研、座谈及讨论确定了黑龙江省国有林权改革的八个制约因素，采用考虑具有不同影响强度的ISM诊断模型，对国有林权改革制约因素的内部结构、层次及其因果关系进行诊断，据此为全面实施国有林权改革提供依据，提出了黑龙江省国有林权改革经济扶持政策、林权管理法律政策、科技服务政策、林业社会化服务体系等宏观政策和森林经理经营政策、森林采伐管理政策、林权流转政策等微观政策。

国有林权改革是一项系统工程，涉及各利益主体的相关利益，且因此森林经营周期长，改革效果滞后，希望通过本书的研究为国有林权改革提供理论支持，为政府、行业主管部门制定政策提供保障。

目　录

Chapter one

第 1 章 绪 论

1.1 研究背景

黑龙江省森林资源比较丰富，拥有我国面积最大的国有林区，是全国重要的林业生产基地。黑龙江省林业经营面积 3175 万公顷，国有林比重大，占林业总面积的 93.2%。其中地方林业 1565 万公顷，占黑龙江省林业经营总面积的 49.3%。

黑龙江省林业区由三部分组成，分别为龙江森工集团（森工总局）、大兴安岭林业集团公司（大兴安岭林管局）和黑龙江省林业厅。黑龙江省林业厅系统管理的国有林称为地方国有林，占黑龙江省国有林近 1/2 的地方国有林在黑龙江省林业发展中具有举足轻重的作用。

新中国建立初期，黑龙江省地方国有林承担着为国家经济建设提供木材生产为中心的经营任务，造成了极大的消耗和破坏，国有森林资源下降，可采资源逐年减少，也随之产生积淀了一系列经济社会问题。最为突出的是"两危"问题，一直困扰着黑龙江地方国有林区的经营和发展，追本溯源，是长期积淀下来的资源性、结构性、体制性和社会性矛盾，成为了制约国有林可持续经营的瓶颈。其中，体制性矛盾是主要矛盾，主要表现为产权不明、产权主体和责任主体缺位、责权利严重不统一。这些严重制约了经营者发展林业的积极性，制约了林业生产力的发展。

为调动经营者发展林业的积极性、调整不合理的林业所有制结构、改变林业传统管理模式，黑龙江省林业厅于 2007 年开始在部分县（市）实施国有林权制度改革，启动森林、林木、林地流转试点工作。

此次试点的对象为全社会的公民、法人或其他组织，林业职工享有优先原则并适当给予优惠。试点的范围包括国有商品天然次生林中的低产林符合以下条件之一：①郁闭度 0.3 以下；②经多次破坏性采伐、林相残破、无培育前途的残次林；③多代萌生无培育前途的萌生林；④有培育前途的目的树种株树不足林分适宜保留株树 40% 的中龄林；⑤遭受严重的自然灾害且没有复壮希望的中幼龄林。

首批确定为试点单位的是宾县、汤原县、宁安市、爱辉区（黑河）、勃利县、鹤岗市区。汤原县正阳林场，宾县太平山林场，宁安市江东林场、三林林场、三灵林场、石岩林场、爱辉区滨南林场和桦皮窑林场、勃利县罗泉林场和长兴林场、鹤岗市红旗林场的森林资源已完成实物量调查、资源资产评估、拍卖、竞拍工作。

此次试点工作也是中央做出的重大决策。2003 年，中共中央、国务院颁发的《关于加快林业发展的决定》对林权改革做出了总体部署。2006 年以来连续五年的中央 1 号文件和全国人大通过的《中华人民共和国国民经济和社会发展第十一个五年规划纲要》，都将林权改革确定为深化农村改革的重要内容和重大举措。2009 年的中央 1 号文件明确提出用 5 年时间基本完成明晰产权、承包到户的林权制度改革任务。

因此本书正是抓住黑龙江省地方国有林这一理论研究空白，对地方国有林权改革进行研究，这对于贯彻中央关于林权改革精神、提高林业职工收入、促进新农村建设、保障黑龙江省千亿斤粮食产能工程、保护大小兴安岭生态环境安全等具有时代意义。

1.2 研究目的和意义

1.2.1 研究目的

在梳理相关研究文献基础上，界定研究范畴为黑龙江省地方国有林，即黑龙江省林业厅瞎属范围。运用经济学理论分析方法，通过深入各市县国有林场林改试点调研，对林改前后生态效果、经济效果和社会效果进行统计描述对比分析，运用数据包络分析方法和结构解析模型对地方国有林权改革试点的效率及制约因素进行分析论述，提出了进一步深化国有林权改革的配套政策和建议。

(1)分析、呈现黑龙江省国有林权改革的现状、具体做法、改革过程及取得的成效，找出改革进程中出现的问题以及与现行制度的冲突。

(2)解释黑龙江省地方国有林权改革与伊春国有林区林权改革和集体林权改革之间的差异。伊春国有林区追求的是生态效益最大化，极大程度的体现公平优先；而集体林权改革更多的是追求经济效益最大化，极大程度的体现效率优先。地方国有林则近乎介于两者之间，在追求生态效益和经济效益博弈中更加灵活，在公平和效率博弈中能够和谐统一。

(3)对黑龙江省国有林权改革进行经济学分析。运用制度经济学和产权理论分析国有林权制度交易成本高、“搭便车”现象、“败德”行为和“寻租”行为等的经济缺陷，而国有林权改革能够克服上述的经济缺陷，具有对国有林经营主体的激励和约束、将国有林经营的负外部性内在化、合理配置林业资源和提高效率等的经济功能，并指出国有林权改革中的公平和效率问题。

(4)运用定量分析方法对黑龙江省国有林权改革的实施效果进行评价。客观全面的评价是制定配套政策的基础。对国内外学者的相关研究理论进行梳理，综合运用规范和实证分析、实地调查和统计资料分析、文献分析等方法，对国有林权改革实施的效果进行评价。

(5)从微观和宏观角度提出进一步深化国有林权改革的配套政策和建议。配套改革是保证国有林权改革成功的保障。根据评价结果，借鉴国外及我国南方集体林权制度改革的经验，按照"林权保护法制化，林权交易市场化，采伐管理弹性化，林权服务社会化"的原则，提出国有林权改革的经济扶持政策、林权管理法律政策、森林经理经营政策、森林采伐管理政策等一系列宏观、微观保障政策，来确保国有林权改革全面顺利进行。希望能够为国家制定相关政策提供理论依据。

1.2.2 研究意义

黑龙江省国有林权制度改革试点的启动实施将打破长期以来单一的国有国营一统天下的经营管理体制，对于贯彻中央林权改革的精神，理顺林业生产关系，解放和发展林区生产力，有效解决地方国有林区长期存在的养林与养人、生存与发展、生态与经济的激烈矛盾冲突，走出一条经济繁荣、社会进步、生态良好的可持续发展之路具有重要的理论和实践意义。

(1)丰富和完善了林权改革的理论体系。产权理论认为产权应该配置给那些最能有效利用该权力、并有激励去这样做的人。因此，林权改革的最终目标应该是提高效率。但当前效率要求(即林地规模经营)，面临着严格的约束条件：人地关系紧张的国情和国有林场大量富余劳动力无法转移出去的现实。这就决定了我们只能在保证公平的基础上追求效率，即以保证林业职工基本生活的前提下追求林地生产效率。因此，初始产权分配时，更多考虑的是公平，通过采取林业职工优先并享有优惠等方式，确保有意愿的林业职工都能买得起，让他们拿到"原始股"，通过林权改革率先脱贫致富。这种产权界定可能是低效的，但可以通过林权的流转，实现高效。

(2)有助于促进国有森林资源的恢复。国有林权改革将国有森林资源流转给林业职工或社会企业、个人，明确林木所有权和林地使用权，通过流转后承包户的生产经营，能够使森林资源由原来的过度消耗向恢复性增长转变，使得生态状况得到改善，让森林真正能休养生息、恢复生机。

(3)有助于激活民间资本，缓解森林培育投入乏力问题。过去国有林森林培育的投入一直是靠国家的育林基金，随着木材产量逐年下调，育林基金提取总量相应减少，国有更新造林数量大幅度减少，许多需要更新的迹地未得到改造。实施林权制度改革后，林业职工投资林业发展营造民有林的积极性高涨，使国家投入不足部分得到一定程度的补充。

(4)有助于全面客观的评价国有林权改革的效果。对林权制度改革的效果进行综合分析，有助于政府进行科学决策，顺利实现国有林权改革的目标。林权改革的目的是促进国有林场经济、生态和社会三大效益的综合平衡、协调共进。

(5)有助于促进国有林权改革的进一步推广，为国家制定国有林权改革的配套措施提供政策依据。黑龙江省国有林权改革试点工作基本完成，经营者承包林地后的经营、流转等问题以及现行制度的缺陷逐渐突显出来，如何进行下一步的推广实施，急需出台相应的制度和保障措施。

1.3 国内外研究现状及述评

1.3.1 国外研究现状

在经典经济学理论中，产权制度理论对经济行为有重要影响，决定着资源的利用和分配。因此在林业经济问题研究中，产权制度理论也有重要的借鉴意义，森林资源产权制度安排对人们造林、护林以及合理利用森林资源的积极性产生深远影响。

国际上，森林资源按权属分为共有林和私有林。据 2005 年世界森林资源评估报告显示，全球森林面积近 40 亿公顷，其中共有林面积占 84.4%。在 2005 年联合国林农组织首次关于森林所有权的调查中，共有林主要包括中央政府管理的国有林和地方政府以及团体管理的林地。国有林在全球生态系统中占有重要地位，全球用于水土保持、沙丘固定、沙漠化防治和海岸保护功能的森林大多是国有林。

国外学者对于森林资源产权研究主要集中在森林资源所有制及其评价、森林资源产权制度的演变、产权制度的稳定性及其权威的维护、各国林业产权改革等方面。

(1) 森林资源所有制及其评价

森林资源所有制是回答谁将拥有对森林资源的实际控制能力，解决森林资源产权主体问题。各国所有制划分形式不尽相同，一般可划分为 4 种形式：国家产权、共同产权、私人产权和自由进入。[1]

国家产权是指国家掌握着对森林资源的控制权力，通过政府机构直接管理森林，或者通过租赁形式将使用权授予个人、企业或社团，收益在所有者和使用者间分享。

共同产权是团体内部成员的共同财产，将团体以外的人排除在资源使用之外，实质上是一个团体的私有权。共同产权形势下，个人只拥有其中的一部分资源的使用权，其管理控制权通常由团体领导或成员代表掌握。

私人产权包括个人和私人公司所有的产权。私人产权在许多国家都得到法律和社会的承认，并受到保护。私人产权拥有对森林或土地全部属性的控制权，具有排他性。

自由进入实际上是一种无产权状态，任何人都是资源的所有者，但资源又不属于任何人所有。自由进入形式的资源使用者根据自身利益使用资源，可以不付任何租金。

很多学者对自由进入持否定态度，保罗·萨缪尔森，威廉·诺德豪斯在 1992 年出版的《经济学》一书中指出：资源配置因为自由进入使每个个体在自由进入的资源领域都追求自身利益最大化而产生严重的失调或短缺，因此他认为应该对自由进入资源予以界定建立互相排斥的产权制度。

学者们对保护森林的合理利用持有不同的态度，例如布鲁斯和弗特曼认为，最好的保护森林的方法就是通过国家强制实施排他性的经营管理。而布洛米勒则认为，林业是一种多向利用活动，不同多向利用目标之间的矛盾是林业中所存在的许多问题的根源，在私人产权形式下私人所有者会以自身利益最大化，而不会充分考虑林业中的公共物品和无价格产品的供应问题。[2] 此外，林业投资的长期性对私人投资也缺乏足够的吸引力，存在利用过度和投资不足的倾向。

学者对共同产权态度也褒贬不一。赞成共同产权的人认为，森林资源可以整体经营；资源利用可以分散；成员间可以公平享有收益；可形成集体力量与外界抗衡。反对共同产权的人认为，共同产权下由于成员缺乏有效的监督，有偷闲和搭便车现象。同时会出现“共同产权悲剧”。

所有制形式除私人产权还包括国家产权和共同产权，国家产权与私人产权相反，国家掌握着对森林资源的控制权利，诸如国有森林、国家公园等。国家可以通过政府代理机构直接管理森林，也可以以租赁形式授予个人、企业或社团以收益权，资产收益在所有者和使用者之间分享。国家产权可以解决私人产权中存在的公共物品及无价格产品供应问题及对森林的保护问题。但许多学者对此持怀疑态度，政府部门作为国家的代理机构其对森林管理的计划本不是根据收益的状况制定的，政府部门并不受利润最大化激励机制驱动，因而不会追求从资源中创造最大价值，而且，集中统一管理存在以下三方面的弊端：一是忽略了资源条件的差异；二是忽略了不同利益集团；三是忽略了不同人群在需求方面的多样化特征。因此，导致大量的森林资源虽然名义上处于国有，而实际上处于权利真空和自由进入状态，这就导致森林资源配置效率低下，存在闲置和浪费。共同产权在本质上是一个团体的私有权，它将团体以外的人排除在资源使用决策之外，是团体内部成员的共同财产。但是一些学者认为集体劳动存在着很大的缺陷，由于缺乏有效的监督与绩效衡量，在共同产权安排下的成员有偷懒、搭便车的倾向和行为。并且，在这种产权形式下，森林会不可避免地产生退化，遭到破坏。

Bhagirath Behera，Stefanie Engel(2006)认为，信息不对称和缺乏问责制导致执法问题和寻租活动的普遍存在，这都被归入现行制度的效率问题中。[3]

A. G. Adedayo 等(2006)认为，私人资产权利对于私有物品生产是充分必要的，然而公共物品必须要被国家干预才能有效保护，国有资产制度的实行须依靠由社会和公共事务权利的补充来完成，然而，在个人与公有资产制度的国家干预对于多重目标林业管理是一必要条件。他们得出，共有资产制度对于多重目标的山林管理是有前途的，进而在实际中，公有资产制度在瑞士等国家已变得越来越依靠民众。[4]

无论是私人产权、国家产权还是共同产权都存在其自身的缺陷。实际中，一种能解决所有问题的产权制度安排并不存在，只能是包括一切产权形式的共存或多种产权制度的混合状态。

(2)森林资源产权制度的演变

一直以来，国外学者都试图从对森林产权制度历史发展过程的描述和概括中找出森林资源产权制度产生、发展的原因及其规律，从而能够得到制定林业政策有效的依据。[5]研究结果表明，森林的产权制度是随着时间的推移逐渐产生和完善的，森林资源在早期的人类历史中只是作为一种生计来源，并非经济资产，所以不存在所有权界定及控制权确定的问题。随着时间的推移，人口不断增长、技术不断进步以及人们不断变化的资源需求，对稀缺资源进行分配的要求也是只诞生。[6]资源随着丰富程度的递减，其价值呈现递增状况，同时，其产权制度随资源丰富程度的递减而变得复杂。因此，森林产权制度发展演变的根本原因可以概括为森林资源稀缺性、技术进步和人们对资源需求的变化三个方面。[7]

产权的界定及其制度的安排是随着历史的进程不断地发展演进而非一成不变的。Peter H. Pearse 在 *Property Rights and Forest Tenure Systems*，*Introduction to Forest Economics* 中指出同一时代中不同资源的产权界定强烈程度由于对资源压力的反应的不均衡而存在不一致。越早变得稀少和有价值的资源，其产权制度的安排也越完善。[8]根据产权要求进行排序：依次是农业土地产权，矿藏、森林的排他权，水、鱼、野生动物产权，水及空气容纳废物的能力，确定保护物种资源产权。

(3)产权制度的稳定性及其权威的维护

所谓产权制度，是指既定产权关系和产权规则结合而成的且能对产权关系实现有效的组合、调节和保护的制度安排。根据经济学理论，只有人们能正确预期自己行为的收益和成本时，才能决定选取哪种适当的措施来实现最大价值，所以产权制度的稳定性对林业投资的长期性非常重要。但是实际中存在着许多的不稳定因素，其中主要有：产权制度安排包含重新分配因素、继承规则的不确定性、权威丧失、规则无效及过度法规限制等。

学者们对于权威的维护持如下的态度，无论何种产权制度的安排都不能自动的保障所有者对资源的有效控制，在特定产权制度安排中，当一方享有某一种权利所带来的利益，无产权的另一方则有义务遵守保护这些利益的条件。概括为产权制度必须得到法律和社会的保护，必须有力量来维护所有者权威。同时，权威的维护是有代价的，当权威维护成本超过由此获得的收益时，便不得不放弃部分或全部产权。[9]

(4)不同国家的林业改革实践

Frederick Cubbage，Patrice Harou，Erin Sills(2007)指出我们的政策一定要适应在更大的所有权及其价值中来实现多重作用的林业管理。[10]

Ingrid Kissling－Naf，Kurt Bisang(2001)运用物权理论和政策分析对当前欧洲森

林政策上的改变进行研究，指出，公共政策的减缓和递增的改变更易于发生在林业产权中。[11]

Naya Sharma Paudel，Mani Ram Banjade，Ganga Ram Dahal 分析了尼泊尔林权改革对生活资料、收入、森林状况和公平的影响。指出林权改革始于20世纪70年代末，在19世纪90年代初制度化，是促进权力下放和参与森林管理的进程。这些倾向于增加社区权力的改革，在所有生活指标中起着积极地重大影响，而且在森林状况和生计方面有较好的结果。尽管在影响公平和收入方面相对较小，但是以此为基础的体制创新和增加社区权力的应对政策，显示了通过社区林业解决公平问题和增加收入的乐观状况。[12]

Juan M. Pulhin，Josefina T. Dizon and Rex Victor O. Cruzdui(2007)对菲律宾林地林权改革及其影响进行研究，通过从殖民时期到目前，重点在过去30年的林业政策发展的历史分析中审视了菲律宾林地的林权改革，分析了林权改革的影响和相关政策以及相关条件变化的生活指标(生活资料、收入、林业状况和公平)，他们主张三项主要政策有关的干预措施，以推动菲律宾林地初始收益权改革：①保障土地所有权和财产权；②改造自然资源局；③推进社会进程，以确保更大程度地参与地方社区及其他合法利益相关者在管理和使用森林方面的利益共享。[13]

Frederick W. Cubbage，David H. Newman(2006)从美国视角对林业政策改革进行研究。指出，美国联办政府森林政策在过去30年中一直相对稳定，只有少量由国会制定的法律改革，美国多数决策通过预算拨款决策发生。然而，根本的森林政策变化都发生在国际林业中，环保非政府组织变得非常强大，无论是在执行机构的影响还是土地管理者本身。此外，公司积极开展环境议程，主动采用森林实践准则，通常超过那些原本由政府来实现的任务。政府计划再次购买林地，保护地役权。然而，国家林业局和发展利益组织，市场压力和有限的政府预算继续限制监管扩张。公共政策的宽度反应有所增加，引进新的重要的私人和企业的森林政策和程序，极大地改变了影响私有林的林地管理。[14]

Lorenz Petersen，ArminSandhovel(2001)对坦桑尼亚的林业政策改革和激励的作用进行研究，指出，坦桑尼亚政府正在用新的森林政策解决林业不断退化问题，政策反映了国家和国际政策环境的森林管理的改变。认为，有效管理自然资源需要明确的、结构合理的、可行的和透明的框架，这个框架包括目标、客体和监管者。[15]

Doru Leonard Irimie, Hans Friedrich Essmann(2009)对公共政策和社会改变的林业产权框架进行研究，分析了不断发展的森林财产权和政策行为以及经济行为者与他们成果的关系。一个重要的结论是森林资产制度不仅决定资源的使用和管理成效而且还决定森林资产制度的基本形态。另一个重要观点是由公平和效率理论所指导的土地改革不仅侧重于利益的分配，还关乎着森林资源状态具有深远意义的复杂程序。[16]

1.3.2 国内研究现状

通过对中国知网系列数据库(期刊，博硕论文，会议，报纸)、维普“科技期刊数据库”、万方数据库等的查阅，发表时间从1915年至今，以“林权改革”为主题进行文献检索，共检索出2513条记录。根据检索结果进行分组筛选如表1-1所示：

表1-1 国内文献检索分类情况

	按不同类别分组	文章数量
学科类别	农业经济	2255
	林业	2140
	金融	52
	投资	46
	档案及博物馆	39
研究层次	行业指导	1490
	基础研究	280
	政策研究	106
	职业指导	27
发表年度	2007年	583
	2008年	559
	2009年	509
	2010年	448
	2006年	303
	2005年	46
	2004年	16

来源：中国知网(1915—2011)

从表 1－1 的记录统计可以看出，林权改革属于农林经济范畴，在此学科研究成果较多；从研究层次上看，行业指导型和基础类研究较多；从发表时间上看，2006 年以前是逐年递增的，2007 年研究文献达到最多，出现拐点，之后稍微回落，2005 年以前研究较少，原因是从 2006 年开始，中央 1 号文件和全国人大通过的《中华人民共和国国民经济和社会发展第十一个五年规划纲要》，都对林权改革确定为深化农村改革的重要内容和重大举措。因此，自 2006 年以来，关于林权改革的研究成果较多。

以“林权改革＋国有”为主题进行文献检索，共检索出 119 条记录，相对于集体林权改革文献较少，仅占林权改革研究文献总数的 4.7%。根据检索结果进行分组筛选如表 1－2 所示：

通过对“国有林权改革”相关研究的归纳整理，文献均为研究伊春国有林权改革的，从发表年度看，2005 年之前只有 1 篇文献，2006 年之后逐渐增多，2010 年研究成果最多。主要原因在于2006 年4 月伊春国有林区一开先河地拉开了我国国有林权制度改革的序幕，从此之后，理论界也掀起了研究热潮，研究成果不断涌现。

表 1－2　国内文献检索分类情况

	按不同类别分组	文章数量
学科类别	农业经济	111
	林业	108
	行政法及地方法制	4
	民商法	3
	宏观经济管理与可持续发展	3
研究层次	行业指导	52
	基础研究	48
	政策研究	11
	职业指导	2
发表年度	2010 年	33
	2007 年	29
	2006 年	24
	2009 年	18
	2008 年	14
	2000 年	1

来源：中国知网（1915—2011）

上述对所收集资料的梳理可以看出，国内学者关于林权改革研究主要集中在两个方面：一是集体林权改革方面的研究；二是伊春国有林区林权改革试点方面的研究。

集体林权制度改革研究是在保持集体林地所有权不变的前提下，将林地经营权交给农民，使农民不仅具有经营的主体地位，而且享有对林木的所有权、处置权、收益权。关于集体林权制度改革的研究主要集中在以下几个方面：

(1)集体林权制度变迁的历史进程研究

徐国祯(1998)，李周(2008)回顾了新中国成立以来集体林权制度改革的历程，大体可分为五个阶段：一是土改时期的“分山分林到户”；二是农业合作化时期的“山林入社”；三是人民公社时期的“山林集体所有、统一经营”；四是改革开放初期的“林业三定”(稳定山权林权、划定自留山和确定林业生产责任制)；五是现代林权发展阶段(2003年以来的新一轮集体林权制度改革)，这五个阶段的林权制度改革是各个时期经济社会发展的历史产物，不同程度地推动了集体林业的发展。[17,18]

(2)集体林权制度改革的意义和主要内容

2008年中发10号文件指出：集体林权制度改革是稳定和完善农村基本经营制度的必然要求，是促进农民就业增收的战略举措，是建设生态文明的重要内容，是推进现代林业发展的强大动力。2010年全国集体林权制度改革百县经验交流会上，回良玉副总理用五个“必将”进一步阐释了集体林权制度改革的重大意义。他指出，集体林权制度改革必将为进一步解放农村社会生产力注入强大动力，必将为转变经济发展方式作出重要贡献，必将为实现可持续发展提供有力保障，必将为缩小区域差距开辟有效途径，必将为完善乡村治理机制发挥积极作用。陈锡文等学者(2006)认为南方集体林权改革具有三方面现实意义：第一，促进社会主义新农村建设；第二有助于缓解我国木材供给紧张局面，保障国民经济持续快速稳定增长；第三，林权制度及其所衍生出来的一系列改革，将推动整个农林的深入和综合改革。[19]

华启清、林卿(2006)将集体林权改革特点概括为：“四权”同时落实，即所有权得以明晰，经营权得以放活，处置权得以落实，收益权得以确保。[20]其主要内容为：明晰所有权，放活经营权；开展林权登记，发放林权证；建立规范有序的林木所有权、林地流转机制；深化林业配套改革，落实林业经营者对林木的处置权和收益权。[21,22]

(3)关于各省(自治区、直辖市)的集体林权制度改革的实践调查研究

裘菊(2007)对福建省林权制度改革的基本情况进行了调研，指出了林改后的林权结构变化并对相关因素进行了分析：①集体经营的林地比重迅速降低，基本实现了多种经营形式，不同微观主体并存的局面。②单个家庭承包经营成为最主要的经营形式，③联户经营形式大量出现，④“转让”是集体经营林木转变经营方式的重要途径；经营方式变化带来了初步影响：①林地、林木的经营管理权得到法律保障②林业经营出现可持续增长趋势③促进林权交易市场的发育④对现行林业管理体制和政策提出改革要求；最后对采伐限额分配过程中的寻租现象，配套改革措施不到位等存在问题进行了阐述。[23]

宋相涛(2008)对四川省集体林权改革的试点进行了调查，论述了集体林权改革的背景和主要做法，并指出了集体林林权改革存在的问题以及进一步完善政策的建议。[24]

童璧刚(2004)对贵州省林业产权制度、林地使用权流转、发展非公有制林业进行了调研，指出了存在问题，并提出了对策建议。[25]

祝金水(2008)对湖北省集体林权制度改革所做的工作以及取得的初步成效进行了阐述，集体林权制度改革①促进了森林的有效开发利用；②通过对林改前后的农民收入进行对比，得出林改促进了农民收入的增加；③促进了林区社会的和谐稳定；④促进了林业地位的提升。指出了在林改中存在的问题，以及下一步工作的打算：全力抓好确权到户和勘界发证，积极推进各项配套改革的措施。[26]

张利国(2008)对江西省集体林权制度改革进行了分析，在阐述江西省集体林权制度改革背景的基础上，介绍了江西省集体林权制度改革的主要做法和主要成效，并提出江西省集体林权制度改革进一步完善的重点。[27]

姜雪梅(2008)对山东省林权制度改革基本情况进行了论述，林权制度改革的初步影响可以概括为三方面：①资源情况得到改善②林业经营出现了可持续增长的趋势③农户的林业收入有所提高；并指出了存在的问题：林地承包和流转管理不够规范，林业服务体系建设问题。[28]

(4)关于集体林区林权制度改革的绩效研究

林改制度的设计者认为，衡量林改是否成功有四个标准：一是必须有利于森林总量的增加和质量得提高；二是必须有利于完备森林生态系统的建立和森林的可持

续经营；三是有利于林农就业和收入的增加；四是必须有利于促进区域经济的发展和社会的稳定。[29]相关学者从不同的角度对集体林权改革的绩效进行了研究。

刘璨等(2006)分析了我国1949年以后集体林权制度的历次变迁及其绩效，研究结果表明：集体林产权制度是发展林业和提高农民收入的前提，集体林产权制度安排需要相适应的制度环境，产权的明确与清晰是集体林业发展的前提和必要条件，而不是全部。[30]

孔凡斌(2008)以江西省2484个农户调查数据为基础，以农户收入增长为主要指标，评价林权制度改革后农民林业收入增长数量、增长速率以及增长机理，研究表明，林改后减轻林业税费政策、主要木竹销售价格上升、森林资源流转价格上涨都促进了农民收入增长。[31]

徐晋涛(2008)基于福建、江西、浙江、安徽、湖南、辽宁、山东和云南8个省份的实地调查，对集体林权制度改革的背景、过程和结果进行了统计描述，对集体林权改革的初步绩效进行了统计分析，结果表明，①社会资本良好的地区，自发性的社区管理(自然村)似乎是理性的选择，当情况并非如此时，个体化和私有化将取而代之；②替代性收入高的地区，农户家庭对林地的需求较低；③土地产权不稳定的地区，农户家庭对林地的需求较低；④政府干预较多的地方，农户家庭对林地需求较低，反映出私人部门经营林业的积极性会由于强势政府的存在而受到遏制；⑤缺乏对村领导和地方当局改革的机会成本的考虑，将降低当地的改革意愿，减缓改革步伐。林改的初步成效：采伐量增加的趋势与森林资源经营个体化的趋势相一致；林业收入占家庭总收入的比重显著增加；农户及农户联合体自发造林的面积增加。[32]

张蕾等(2008)基于对江西、福建、辽宁、云南4省集体林权制度改革情况的实地调查资料，分析林改前后农户林地面积、林分构成、林业收入、外出打工人数、林地流转规模等方面的变化，采用计量经济模型进行估计。结果表明：集体林权制度改革对农户生计有显著影响，林改后农户林业收入明显增加，并且农户对林改政策的了解和林权证的发放是影响林改成效的重要因素。[33]同时，林改中出现一个实际问题，即林地规模化经营可能受到影响，因此要进一步规范、完善林地流转市场。

张海鹏等(2009)结合实地调查数据认为，林权改革后农户的林业收入明显提高，对农户总收入的贡献增加；木材采伐增加的同时，农户及农户联合体自发造林的面积也在增加；农户对林权改革评价较好；林权改革取得了较好的社会效益。[34]

陈幸良、吴海龙、袁嵩松(2010)选择福建省邵武市，通过模型分析，制定了林改综合评价标准和检查指标，通过林农对林改的政策意愿分析表明，林农对林地仍具有依赖性，家庭经营仍然是农民的首选模式；林改成为影响林农收入的重要因子；集体林改后资源增长，林农经营林业收入增加，但经营模式和配套政策需要进一步完善。[35]

朱东亮等(2007)以福建农村实地调查为基础，对福建集体林权制度改革所取得的成效进行了探讨和反思。认为集体林权制度改革虽然取得了实质性的经济绩效，但是却并不能完全归因于林改本身所形成的激励机制，林木市场的整体复苏发展及林权经营者所获取的政策性增收等因素对林权制度改革的绩效提升也发挥了重要作用。与此同时，在有的农村地区，林改的社会效用普遍被忽视，致使林改后林权高度集中到少部分人手中，大部分农民并没有真正享受到林改所带来的收益，林改在很大程度上未能实现“耕者有其山”的改革目标。[36]

集体林区已有的改革经验告诉我们，一个良好设计、稳健推行的森林资源产权改革可以实现国家、集体(或企业)、个人三赢的局面。[37]国家通过产权改革，可以调动林业经营者造林、护林的积极性，从而实现森林资源保护和扩大的目标，同时推动“三农”问题的解决，实现林区的社会稳定和可持续发展。集体(或企业)在改革之后，可以通过收取地租(承包费)来享受土地所有者权益，获得了稳定的收入来源，对集体(企业)经济的发展提供了财源。个人在产权改革中是最大受益者，他们由单纯的劳动者变成资产所有者和经营者，财富拥有量得到提高。一方面，可以通过经营林木和其他资源获取长期收益，另一方面，也可以通过转让林木资源经营权获取短期收益，提高抵御风险的能力是防止产生贫困的重要途径。

综上所述，南方集体林区林权改革的理论和实证研究对于深化国有林权改革具有借鉴和指导意义。国有林权改革是在林地及部分公益林资源国有的框架下，实行森林、林木及其他多种资源的所有权、使用权、处置权、收益权的多元化主题的产权制度。[38,39]

关于伊春国有林权制度改革方面的研究起步较晚，主要集中在：

(1)国有林权改革的必要性研究

李国庆(2008)认为国有林区的“资源危机”和“经济危机”要求对林权制度进行

改革；投资主体的多元化需要对现行林权制度进行改革；国有林区的经济和生态效益需要林权制度改革。[40]

许兆君(2007)认为随着人们对产权缺失的普遍觉醒和林业发展道路的理性回归，在国有林区实行林权改革，建立现代林业产权制度，已成为中国林业发展的必然取向和历史选择。国有林区的现实困境，世界林业发展的潮流所向，新时期各方利益诉求的博弈与满足，迫切需要实行林权改革，建立现代产权制度。[41]

(2)国有森林资源产权制度变迁研究

柯水发等(2005)认为有效的林业产权制度安排是林业经济发展的基础与核心。中国的林业产权制度自新中国成立以来，几经变迁，其中既有诱致性的变迁，也有强制性的变迁。同时，外部环境的变迁，人们需求或偏好的变化，也会驱动着林权制度的变迁。林业产权制度的变迁是利益分配制度重新调整的过程，不同的利益主体对制度变迁有着不同利益目标的诉求。[42]

王兆君(2008)对新中国成立以来我国国有森林资源产权制度的变迁过程进行了阐述，并运用计量经济模型对国有森林资源产权制度变迁进行了实证与规范分析，为我国目前进行的国有森林资源产权制度改革提供了有益的启示。[43]

王飞(2008)对国有林产权制度变迁路径进行研究，国有林产权制度变迁的“重构拉动型”路径和“细分推动型”路径是国有林产权制度变迁前期和后期两条子变迁路径。在整个变迁中，强制性因素和诱致性因素都起到了重要作用。提出国有林产权制度变迁可以增进生态效益、解决“体制失效”、获得经济收入和降低交易成本。[44]

戴丽萍(2009)以经济史学的视角对近现代中国各历史时期的林权制度安排及其特征、林权制度变迁的过程及其历史原因进行了较为深入的分析，认为近现代中国林权制度经历了以下变迁：以地主私有为主多种私有制并存的林权制度(晚清时期)——国有、公有、私有并存的多种林权制度(北洋政府与国民政府时期)——革命根据地和解放区公有、私有并存的林权制度——以农户私有为核心的林权制度(1951—1953年)——以集体为核心的林权制度(1953—1981年)。林权制度的变迁又受到国家及其意志的变迁、森林资源的日益稀缺、森林资源和劳动等要素价格的相对变化、林业资源利用技术的进步、经济利益的刺激和诱导、林权制度变迁中的路径依赖等制度经济因素的影响。[45]由于林权供给主体的利益(国家或政党)在林权制度变迁过程中居于非常重要、甚至是决定性的地位，因此，近现代中国林权制度变迁始终是一个强制性制度变迁过程，其核心问题是如何分配森林资源。

(3)国有林权制度改革试点方面的研究

2006年4月国有林权制度改革试点在伊春国有林区正式启动，学术界开始关注国有林权改革问题。伊春市政府国有林业产权制度改革研究课题组(2007)对伊春乌马河林业局实施林权制度改革进行了调研，介绍了乌马河林业局的试点情况和经验做法。指出国有林区林权制度改革的目的就是把林地的经营权、林木的所有权和处置权交给职工，林地经过有偿转让后，变成林业职工自己的资产，把历次改革都没有触及的产权问题作为突破口，通过生产关系的调整，达到促进林区生产力解放的目的。[46]

王显义(2007)研究指出，伊春市乌马河林业局作为国有林区林权制度改革的第一块试验田，通过一年的实践，全局第一批试点的15659.5公顷林地成功流转了13436.6公顷，占区划面积的85.8%，参与承包的职工为974户，改革的综合效益已经初步显现。鉴于林业改革的复杂性，在实施过程中，必须把握关键环节。要强化组织领导、规范运作程序、坚持生态优先、保障参与主体权益、调动职工群众的积极性，强化监督工作，保证改革积极稳妥向前推进。[47]

许兆君(2007)对桃山林业局林权制度改革成效进行了分析：一是森林资源得到了有效保护；二是造林质量问题得到了彻底解决。三是森林资源集约经营水平进一步提高，林地生产力大幅度提升。四是有效地激活了民间资本，解决了森林培育投入乏力问题。[48]

胡湘韩、曹玉昆、周晓峰等黑龙江省科学顾问委员会调研组(2007)，对伊春国有林区林权改革试点工作情况进行调研，指出伊春国有林权改革虽处于试探性阶段，但已显示出对林区改革的强大推动作用。改革激活了经营机制，盘活了现有资源，提高了森林经营管理水平，解决森林资源培育投入乏力问题。针对改革中尚存在的承包经营权证发放不及时、缺乏以短养长的有效措施、配套改革措施不到位等问题，提出了改革的具体建议。[49]

(4)国有林权改革评价研究

朱洪革(2010)认为对伊春国有林权制度改革成效的评价，应围绕5个近期目标和4个长远目标来考察，并把生态效益不减作为立足点。评价结果表明：伊春国有林权改革后森林生态效益没有减少；森林资源管护的效果明显。[50]

张晓梅(2007)采用模糊层次分析法对黑龙江省伊春市乌马河林业局林权制度改革进行了综合效益评价，结果表明，林改后林业经济、生态、社会效益有大幅度提高。[51]

(5)国有林权改革后经营主体行为研究

朱洪革(2009)利用伊春市国有林权制度改革试点林业局的195个承包户作为样本数据，分别建立承包户造林抚育投资和林下经济投资的Logistic模型，分析影响承包户后续经营行为的主要因素。研究结果表明：林权证政策、承包地立地等级和地区虚拟变量对承包户造林抚育投资和林下经济投资都有显著影响；森林经营方案政策、林地使用费政策、户主文化程度和家庭月收入等对承包户造林抚育投资有显著影响，而采伐限额政策、承包林离家距离、承包地面积、户主性别、兼业状况以及林业局木材产量等则对承包户林下经济投资有显著影响。[52]

万志芳(2009)认为国有林权改革后，森林经营主体开始分化，林业职工和森工企业成为国有林经营新主体，二者既是雇佣关系，又是竞争关系，这就需要调节相关主体利益关系，进一步明确个人产权主体的权利，分化国有森工企业职能，理顺林业企业和林业经营个人的管理结构，建立适应林业发展的新格局。[53]

曹玉昆(2010)通过构建博弈模型量化分析国有林权制度改革利益主体行为与发放林权证政策之间的博弈状况。研究表明，当林改户急需生活资金时，若政府发放林权证则林改户会采取抵押贷款和活立木转让方式筹集资金，若政府不发放林权证则林改户会采取砍伐未成熟林筹集资金；当林改户不缺乏生活资金时，无论政府是否发放林权证，林改户都会采取林木成熟后砍伐以收到最大经济利益。双方博弈结果表明，无论林改户是否急需生活资金，发放林权证都可以使国家和林改户的利益最大化。[54]

吴闻钧(2010)从微观角度提出了国有林权改革生成的新主体的内涵范畴，分析了影响森林经营主体的行为因素，对新的森林经营主体的偏好进行了评价分析，认为企业经营主体注重的是政策支持，将生态效益补偿作为第一考虑因素，其次是财政政策对其的影响。个人经营主体的直接目标是经济效益，更注重市场环境对其的影响，并且把财政补贴这一偏好因素放在首位。[55]

(6)国有林权改革的政府职能方面研究

张晓梅(2007)认为林权制度的改革，既是对产权的分离，也是对政府工作职能的调整。政府职能应该调整定位在：①制定“游戏规则”，维持市场秩序；②矫正外在效应，提高经济效益；③提供公共产品，发展基础事业。[56]

(7) 国有林权制度法律问题研究

邓雯雯(2010)认为我国国有林权制度改革实践处于探索阶段，改革的法律问题研究亦尚属起步阶段，在林业法制建设中，要树立生态价值优先观念。国有林权制度改革必须法制化，要求《森林法》随之变革，创新法律制度。[57]

金丽婷(2008)认为林权是权利主体对森林资源的直接管领和支配，并排除他人干涉的民事权利，是一项新型的他物权。林权以所有权为核心，并在生产经营中具有支配、处分、收益权利。国有林区林权改革的实践推动了民事理论的发展。[58]

周孜予(2008)分析了伊春林权制度改革现行法律体系的缺陷，提出完善的建议：①制定森林资源流转实施办法；②林业行业实施《物权法》需要出台的配套政策措施；③完善林业保险法律法规；④完善林权交易的法律保障；⑤注重法律的宣传、执行与执法监督。[59]

(8) 国有林权制度改革的经验借鉴

刘勇等(2009)总结了经济转型国家国有林林权制度改革值得借鉴的 4 条经验：渐进式是改革方式，不完全私有化是改革道路，完善配套措施是改革保障，推进国有森工企业管理体制转变是改革重点。[60]

还有文献对 3S、AutoCAD 技术在林权制度改革中的应用进行了研究。夏友福(2007)指出 GPS 应用于林权制度改革中的点位数据采集、林地面积测量，其方法简单、方便、快速，成本低，易操作，能提高工作效率 1/3 以上。且定点位的地理坐标数据采集(经度、纬度)是唯一的，这对若干年后检查或恢复林地范围面积都有极其重要的作用。[61]陈幸良等(2010)应用 3S 技术，通过 SPOT5 遥感影像实例分析了福建邵武林改后的资源状况；调查分析了林改后的社会经济发展情况和变化，调查分析了林农对林改的评价和政策意愿；通过主成分析、建立综合模型、判别分析，研究了林改对林农家庭收入的影响。[62]

刘明虎、李林海(2008)指出 AutoCAD 对林权改革中宗地块数据的计算和确定，以及宗地图的编辑都起到重要的作用。GPS 在林权制度改革中的点位数据采集及测量定位方法结合地理信息系统(GIS)的应用以及 AutoCAD 的编辑功能，可以实现林权制度改革的林业资源信息的快速采集和处理，为林权制度改革决策提供了强有力的基础信息资料和查询支持。[63]

1.3.3 相关研究述评

黑龙江省国有林权改革是一项多目标的经济社会系统工程，事关林业职工、林区和林业发展的全局，关系重大，影响深远。从国内外研究的现状来看，国内外学者对林权改革都十分关注，认识到林权改革对于林业可持续发展的重要作用。他们从不同的研究视角，对林权改革提出了自己的见解，为本书的研究奠定了基础。

上述的国内外研究文献可以看出，国外林业私有化程度高，对于国有林权制度研究的较少，而且较为零散。而国内对集体林权改革研究的较全面，像福建、江西、浙江等省份率先在全国推进集体林权制度改革，基本完成了主体改革，正积极在深化配套改革措施。对国有林权改革的研究主要集中在试点阶段，主要针对伊春国有林区的改革试点的研究。这些研究对本书关于黑龙江省国有林权改革效果评价及后续政策研究拓宽了思路，提供了理论和实践的借鉴。因此，本书认为在已有的文献中：

(1)关于黑龙江省地方国有林研究几乎是空白。以“地方国有林”为主题在中国知网系列数据库、维普“科技期刊数据库”、万方数据库等的查阅，没有检索出相关记录。主要因为黑龙江省国有林权改革试点起步较晚，因此没有相关研究文献；而实践中地方国有林占黑龙江省国有林经营总面积的近1/2，其地位如此重要，又渐进被边缘化了。

(2)对国有林权改革缺乏实证研究。2006年国有林权改革试点才正式试点，因此缺乏对国有林权改革的实证研究。

(3)基于制度经济学和产权理论视角分析和解释地方国有林权改革有待于进一步完善。

(4)国有林权改革需要对其跟踪研究以及配套制度的建立和完善，这将是国有林权改革的重点和难点。

本书以黑龙江省地方国有林权改革为研究视角，综合运用制度经济学、产权等理论对黑龙江国有林权改革进行深入、系统研究，对其效果进行全面评价，并制定改革的配套政策。

1.4 研究的总体思路和主要内容

1.4.1 研究的总体思路

本书在分析国内外研究成果的基础上，以产权理论、制度经济学理论为理论支撑，运用经济学分析、数据包络分析、解释结构模型等定性和定量分析方法，对黑龙江省国有林权试点进行实地调查分析，通过对30个国有林场的效率进行评价，并找出制约国有林权改革的因素进行诊断，最后提出黑龙江省国有林权改革的经济扶持政策、林权管理法律政策、科技服务政策、林业社会化服务体系等宏观政策和森林经理经营政策、森林采伐管理政策、林权流转政策等微观政策，以期为黑龙江省国有林权改革提供可借鉴的理论依据和决策参考。如图1－1：

1.4.2 主要内容

本书研究内容共分为八章：

第一章，绪论。主要介绍研究背景、研究目的和研究意义，归纳分析关于林权改革的国内外相关内容现状，并对相关研究进行梳理和述评。同时阐述了研究内容、研究方法、技术路线和创新之处，是全书的一个重要起点。

第二章，研究范畴的界定与理论分析。首先对本研究的范畴进行界定，并找出黑龙江省地方国有林权改革与伊春国有林权改革和集体林权改革的差异，进行系统分析；同时对黑龙江省国有林权改革进行经济学阐释，并以公平和效率视角诠释黑龙江省国有林权改革的机理。

第三章，黑龙江省国有林权改革的动因、特征及实质判断。首先分析了黑龙江省国有林权改革的动因，包括内动因、外动因、基础动因和重要动因。然后对改革的特征进行了深入阐述，并对黑龙江省国有林权改革的实质进行判断。为后续章节奠定理论分析基础。

第四章，黑龙江省国有林权改革现状及效果分析。首先对黑龙江省国有林权改革试点的实施方案进行阐释，根据深入各林改试点国有林场，通过访谈、调阅资料获得第一手数据资料，进行系统分析，归纳总结。根据调查数据对改革的现状进行分析，从改革前后生态效果、经济效果和社会效果三个维度对改革的成效进行统计描述分析。

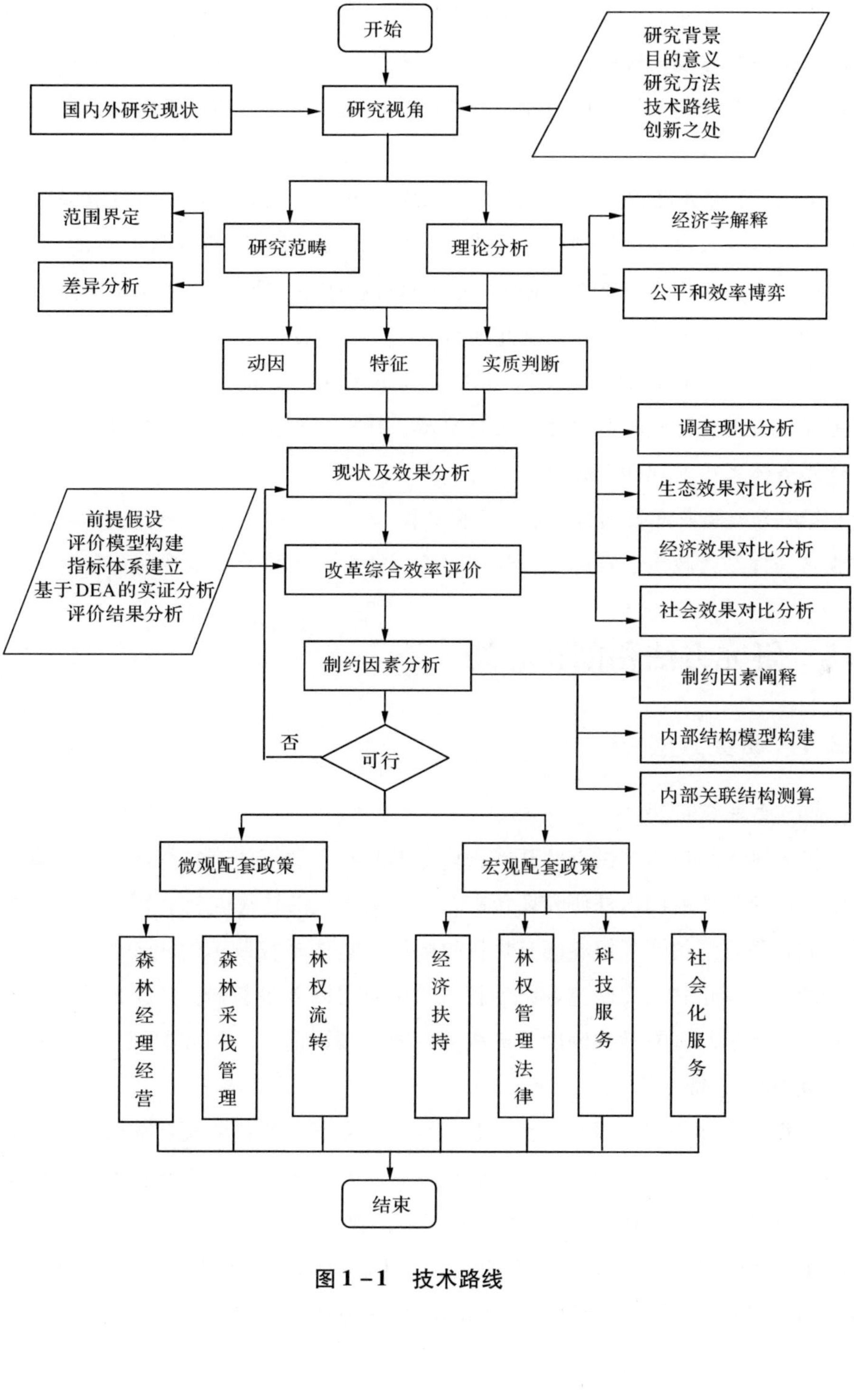
开始
研究背景
目的意义
研究方法
技术路线
创新之处
国内外研究现状
研究视角
范围界定
差异分析
研究范畴
理论分析
经济学解释
公平和效率博弈
动因
特征
实质判断
调查现状分析
现状及效果分析
生态效果对比分析
前提假设
评价模型构建
指标体系建立
基于DEA的实证分析
评价结果分析
改革综合效率评价
经济效果对比分析
社会效果对比分析
制约因素分析
制约因素阐释
内部结构模型构建
否
可行
内部关联结构测算
微观配套政策
宏观配套政策
森林经理经营
森林采伐管理
林权流转
经济扶持
林权管理法律
科技服务
社会化服务
结束

图1-1 技术路线

第五章，黑龙江省国有林权改革综合效率评价。首先对黑龙江省国有林权改革提出三个前提假设，根据数据包络分析方法的原理，构建评价模型，同时，对评价指标进行选取和定义，根据实地调查和统计数据对黑龙江省国有林权改革的效率进行实证研究。

第六章，黑龙江省国有林权改革制约因素分析。在第四章调查现状及效果分析和第五章综合效率评价基础上，首先确定影响黑龙江省国有林权改革的制约因素，运用结构模型解析法(ISM)对黑龙江省国有林权改革的制约因素的内部结构、强度、层次及其因果关系进行诊断，据此为后续配套政策提供依据。

第七章，黑龙江省国有林权改革宏观配套政策。在前面章节研究基础上，提出了黑龙江省国有林权改革的经济扶持政策、林权管理法律政策、科技服务、林业社会化服务体系等宏观配套政策。

第八章，黑龙江省国有林权改革微观配套政策。提出了黑龙江省国有林权改革的森林经理经营政策、森林采伐管理政策、林权流转政策等微观配套政策。

1.5 研究方法和创新之处

1.5.1 研究方法

(1)文献分析法

随着国有林权改革试点的开展，理论界掀起了关于国有林权改革实践探索和理论研究的热潮。就国内外研究现状来看，本书不仅关注黑龙江省国有林权制度改革的研究，而且还关注了伊春国有林权改革以及集体林权改革的相关研究，以寻求建立新的研究视角和实现研究方法创新。基于对国内外最新研究成果的广泛查阅，本书跟踪了解了与国有林权制度改革相关领域的理论前沿。研究期间共查阅相关中外文文献1000余篇。

获得的中文文献主要有三种来源：其一是专著，通过购买和向学校图书馆、资料室借阅。查阅的专著主要集中在农地流转、林地流转、国有林权改革等领域。其二为期刊论文，通过访问“中文学术期刊全文数据库CNKI”、“维普中文科技期刊全文数据库VIP”等电子资源，收集并阅读《林业科学》、《林业经济》、《林业经济问题》、《农业经济》等学术期刊上刊登的相关研究成果。其三为硕博士学位论文，通过访问“中国博士学位论文全文数据库”、“中国优秀硕士学位论文数据库”、“万方中国学位论文全文数据库”查阅。

外文文献以学术论文为主，主要来源：其一是学校外文图书阅览室，查阅了近三年的 *Forest Policy and Economics*、*Forest Ecology and Management*、*Journal of Forest Economics* 等期刊上的学术论文；其二是校园网图书馆网络资源，通过“Springer LINK 电子期刊”、“PQDT 博硕士论文全文”等数据库以“Forest tenure”、“ State-owned forest rights”、“Tenure Reform”为关键词进行检索，获得相关研究。

（2）定性和定量分析结合法

定性分析是对研究对象进行“质”的分析。对黑龙江省国有林权制度改革的研究存在很大空间，有诸多问题有待于研究，因此，定性分析必不可少。本书运用定性分析方法阐述了黑龙江省国有林权制度改革的动因、特征及实质判断，在综合和归纳黑龙江省国有林权制度改革的制约因素时，定性分析也起到了重要的作用。

定量分析是对研究对象数量特征、数量关系和数量变化的分析。运用定量分析方法对黑龙江省国有林权改革的现状进行分析，运用数据包络分析 DEA 方法对黑龙江省国有林权改革的效果进行评价，运用结构模型解析法对国有林权改革制约因素的内部结构、层次及其因果关系进行诊断，据此来提出黑龙江省国有林权改革的配套政策。

（3）实地调研和统计资料分析结合法

全书所得数据主要来源于实地调查和统计资料。通过深入黑龙江省国有林权改革各试点国有林场实地调查获取了第一手数据。设计了调查表，向黑龙江省林业厅林改处相关领导、职能处室，林业局林改办相关人员、试点国有林场负责人、承包户等开展了调查、访谈和记录工作。统计资料收集主要通过购买、复制等方式获取，包括黑龙江省国有林权改革相关文件、通知、研究报告、《黑龙江省林业统计年鉴》（2006—2009 年）、林业厅林改办统计数据等。

所有数据取得可分为四个阶段：①初始调查阶段，2009 年 3 ~4 月。到林业厅林权改革处室查阅相关文件、通知等资料，对黑龙江省国有林权制度改革有了初步的认识。②预调查阶段，2010 年 7 月。此次调查目的为深入实地调研做准备，验证调查表中各项内容的适用性，确定正式调查时间，并收集了相关统计资料。③正式调查阶段，2010 年 9 ~10 月。完成本书第四章现状分析、第五章障碍因素分析和第六章效果评价的主要数据资料。④补充调研阶段，2010 年 12 月。

在研究中，通过实地调研掌握的林权改革第一手资料，与统计数据资料相结合，互为补充。

1.5.2 创新之处

(1)在国内外文献分析、实地调研基础上，提出以黑龙江省地方国有林权改革为切入点，独占研究视角。系统分析了国内外关于林权改革的现状，并深入国有林权改革各试点进行实地调研，提出了黑龙江省地方国有林权改革的研究视角。

(2)从公平和效率视角诠释黑龙江省国有林权改革的机理。运用产权经济学理论、以公平和效率视角诠释黑龙江省国有林权改革的公平和效率博弈过程，即实施国有林产权双重两权分离：第一重所有权与承包权的分离和第二重承包权与使用权的分离。第一重分离解决社会公平问题，第二重分离解决效率问题，双重两权分离有机结合体现出公平第一的同时兼顾效率的产权制度安排。二者和谐统一，公平优先体现在国有林地等生产资料初始产权分配阶段，效率优先体现在生产经营环节。

(3)应用定量方法评价了黑龙江省国有林权改革效果。根据深入国有林权改革试点的 6 个市县、11 个国有林场进行的实地调查，运用描述性统计分析方法，从生态效果、经济效果和社会效果三个维度对黑龙江省国有林权改革效果进行分析。同时，运用非参数数据包络分析方法(DEA)方法、基于投入导向的 BCC 模型对黑龙江省参与林改的 11 个国有林场和未参与林改的 19 个国有林场进行了效率评价。研究表明，无论是综合技术效率、还是规模效率、纯技术效率，参与林改的国有林场有效率均高于未参与林改的国有林场。

(4)提出了深化国有林权改革的配套政策与建议。提出了黑龙江省国有林权改革经济扶持政策、林权管理法律政策、科技服务政策、林业社会化服务体系等宏观政策和森林经理经营政策、森林采伐管理政策、林权流转政策等微观政策。

Chapter two

第 2 章 研究范畴的界定与理论分析

对于“黑龙江省国有林权改革”的研究，为避免歧义，首先对研究范畴予以界定，然后对国有林权制度改革进行经济学分析及对改革过程中的公平与效率问题进行论述。

2.1 研究范畴

研究范畴的界定是研究的基础，本书研究范围界定为黑龙江省地方国有林，即林业厅瞎属范围。具体为地方国有林权改革试点中的6个市县11个国有林场。并在此基础上，论述黑龙江省国有林权改革与伊春国有林权改革及集体林权改革的差异，为后续章节研究奠定基础。

2.1.1 研究范围界定

2.1.1.1 黑龙江省林业自然状况

黑龙江省位于中国的东北部，是中国位置最北、纬度最高的省份。全省面积46万平方公里，约占全国总面积4.8%。黑龙江省是全国重要的林业生产基地，森林资源丰富，黑龙江省林业经营总面积3175万公顷，占全省国土面积的2/3，林业用地面积2389万公顷，其中有林地面积1895万公顷，活立木总蓄积15亿立方米，森林蓄积14.32立方米，森林覆盖率达43.6%。黑龙江省国有森林面积比重较大，占森林总面积93.2%，集体森林面积比重较小。黑龙江省森林面积、森林总蓄积和木材产量均居全国前列，是国家最重要的国有林区和最大的木材生产基地。林业在黑龙江省经济和社会发展中占有重要地位。

黑龙江省划分3个植物区和3个亚区。一是大兴安岭植物区。二是小兴安岭—老爷岭植物区，该区又分为小兴安岭—张广财岭亚区；老爷岭亚区；穆棱—三江平原亚区。三是松嫩平原植物区。黑龙江省植物种类丰富，仅高等植物就有2000多种，其中森林树种百余种，材质优良，利用价值高的有30余种，如红松、落叶松、樟子松、云杉、冷杉、水曲柳、黄菠萝、胡桃楸、椴、槭、榆、栎、杨、桦等。[64]

2.1.1.2 黑龙江省林业管理体制

由于历史的沿革，黑龙江省林业管理呈现出三足鼎立的状况，管理机构有三家，分别为龙江森工集团(森工总局)、大兴安岭林业集团公司(大兴安岭林管局)、黑龙江省林业厅。按照职责分工，黑龙江省林业厅是黑龙江省人民政府林业行政主管部门，负责全省林业工作；黑龙江省森工总局和大兴安岭森林工业管理部门分别负责本系统林业工作。

按现行管理体制和管辖范围，黑龙江省林业厅系统管理 13 个市(地)林业局、68 个县(市)林业局、360 处国有林场、79 处国有苗圃、883 个乡镇林业工作站及乡村集体林业和农垦、煤炭等 10 个有林行业，林业经营面积 1565 万公顷，占黑龙江省经营总面积的 49.3%。其中有林地面积 677 万公顷，活立木总蓄积量 4.29 亿立方米。

龙江森工集团辖管 4 个管理局、40 个林业局、140 个县团级以上林业企事业单位，分布在小兴安岭、张广财岭、老爷岭和完达山，林业经营面积 1007 万公顷，占黑龙江省经营总面积的 31.7%。其中有林地面积 813 万公顷，森林总蓄积量 6.38 亿立方米。

大兴安岭林业集团辖管 8 个林业局，分布在大兴安岭山地，林业经营面积 833 万公顷，占黑龙江省经营总面积的 19%。其中有林地面积 506 万公顷，森林总蓄积量 4.31 亿立方米。[65]

2.1.1.3 黑龙江省地方国有林状况

黑龙江省地方国有林主要分布在大、小兴安岭、张广才岭、完达山和老爷岭等主要山脉和松嫩、三江两大平原地区，是黑龙江、乌苏里江、松花江、嫩江、绥芬河等五大水系的发源地和涵养地，是三北防护林工程建设重点区，是黑龙江、吉林、辽宁、及华北地区农业的天然屏障。

黑龙江省地方林业经营总面积 1565 万公顷，占黑龙江省林业经营总面积的 49.3%；林业用地面积 913 万公顷，占全省林业用地面积的 38.2%；有林地面积 677 万公顷，占全省有林地面积的 35%；活立木蓄积 4.29 亿立方米，占全省总蓄积的 28.8%。

黑龙江省林业厅于 2007 年开始在部分县(市)实施国有林权改革，启动森林、林木、林地流转试点工作。试点的对象为全社会的公民、法人或其他组织，林场职工享有优先原则并适当给予优惠，试点总面积不超过 40 万公顷。

试点的范围包括：生态公益林地外的国家所有的灌木林地、疏林地、采伐迹地、火烧迹地、未成林造林地、苗圃地和县级以上人民政府规划的宜林地，国有商品天然次生林中的低产林符合以下条件之一：

①郁闭度0.3以下；

②经多次破坏性采伐、林相残破、无培育前途的残次林；

③多代萌生无培育前途的萌生林；

④有培育前途的目的树种株树不足林分适宜保留株树40%的中龄林；

⑤遭受严重的自然灾害且没有复壮希望的中幼龄林。

黑龙江省国有林权改革试点单位：宾县、汤原县、宁安市、爱辉区(黑河)、勃利县、鹤岗市区。汤原县正阳林场，宾县太平山林场，宁安市江东林场、三林林场、三灵林场、石岩林场、爱辉区滨南林场和桦皮窑林场、勃利县罗泉林场和长兴林场、鹤岗市红旗林场的森林资源已完成实物量调查、资源资产评估、拍卖、竞拍工作。拍卖总计39398.8公顷，1640825立方米，流转收益2.22亿元。

2.1.2 地方国有林权改革与伊春国有林权改革的差异分析

(1)伊春国有林权改革

2003年伊春市委、市政府向国家提出了国有林区林权制度改革试点的设想，得到了中央政府和省政府的充分肯定。2006年1月，国务院第119次常务会议原则通过了在伊春开展国有林权制度改革试点的意见，2006年4月伊春国有林区林权制度改革试点工作在乌马河林业局正式启动。

试点范围系伊春林区具有代表性的乌马河、翠峦、桃山、双丰、铁力5个国有林业局中的15个林场(所)，面积为8万公顷；试点规模仅限于商品林地，承包经营林地的对象是试点林业局的林业在册职工，伊春林业管理局及试点林业局机关干部和离退休职工，暂不参加林地的承包经营。承包方式按一沟一系一坡的自然界限，并结合森林经营区划，按每户5~10公顷的规模，实行林地承包经营。林地承包经营期限50年。

(2)黑龙江地方国有林权改革

2007年7月，黑龙江省地方国有林权改革试点工作正式启动。黑龙江省林业厅为规范管理黑龙江省国有林流转试点工作，制定了《黑龙江省森林、林木、林地流转试点管理办法》并通过了省委、省政府的批复。

根据各地市申报，黑龙江省林业厅首批确定汤原县、宾县、宁安市、爱辉区

(黑河)、勃利县、鹤岗市区为试点单位。试点面积控制在40万公顷以内。每个试点单位的试点面积由省林业厅确定。流转范围包括生态公益林地外的国家所有的灌木林地、疏林地、采伐迹地、火烧迹地、未成林造林地、苗圃地和县级以上人民政府规划的宜林地；国有商品天然次生低产林、人工中幼龄林及林地。试点对象为全社会的公民、法人或其他组织，林场职工享有优先原则并适当给予优惠。流转的期限不超过70年，再次流转的期限不超过未流转期限的剩余期限。

(3)两者差异分析

黑龙江地方国有林权改革与伊春国有林权改革的主要不同之处在于：

①国有林权改革试点报批程序不同。伊春国有林权改革试点是伊春市委、市政府首先向国家提出了改革试点的设想，得到了中央政府和省政府的充分肯定。而后，国务院通过了伊春国有林权制度改革试点的意见。黑龙江地方国有林权改革试点是黑龙江省林业厅制定了《黑龙江省森林、林木、林地流转试点管理办法》并通过了省委、省政府的批复开始实施，无需上报国家林业局审批。

②权属证书是否发放。伊春国有林权改革试点中，具有法律效力林权证只发到林业局，还没有发放到承包经营者手中，致使林权制度改革缺乏法律制度的外部保证。而黑龙江地方国有林权改革中试点流转的国有林发放林权证。同时，在国有林流转办法中规定权属不清的不予参加流转试点。林改前，每个国有林场都有一个林权证，林改后扣除个体流转得到的国有林部分，各林场的林权证先废止再重新核算并发放。这样流转后的国有林产权完全明晰，可以进行出租、入股或抵押。

③试点对象不同。伊春国有林权改革的试点对象为试点林业局的林业在册职工，伊春林业管理局及试点林业局机关干部和离退休职工不包括在内。黑龙江地方国有林权改革的试点对象为全社会的公民、法人或其他组织，林场职工享有优先原则并适当给予优惠。每个职工优惠面积不超过10公顷，流转价格不低于评估价的85%。

④承包或流转程序不同。伊春国有林承包经营的程序为区划界定森林资源、资产评估、组织职工进行林地承包经营、明确承包经营费用缴纳方式等。黑龙江地方国有林流转试点的程序先后为县市林业行政主管部门或其省级主管部门提出国有林流转申请、批准机关的初审、实物量调查、资产评估、招投标、签订合同、转让费收缴、流转审批、林权变更、建档备案等。其中，地方国有林流转程序比伊春国有

林承包多申请和初审程序。

⑤承包或流转费用的缴纳方式不同。由于伊春国有林承包对象均为林业局职工，因此采取了灵活的缴费方式，有支付能力的职工可一次性付款，暂时支付有困难的可分期付款，或待有承包收益时延期付款，也可采取银行贷款或拖欠工资抵顶等方式，而地方国有林流转对象为全社会的公民、法人或其他组织，因此流转时需承包户一次性支付转让费。

⑥国有林流转或承包经营期限不同。伊春国有林权改革的试点林地承包经营期限为50年。黑龙江地方国有林权改革中各地市的流转期限为70年(除宾县为50年外)。

⑦国有林承包流转后经营管理不同。伊春国有林改后，试点林业局建立集法律服务、政策咨询、森林经营、病虫害防治等内容于一体的服务中心。指导承包职工做好森林经营方案、协调林业贷款等服务。并且统一指导承包职工做好森林防火等资源保护工作。地方国有林流转后，除法律、法规和政策规定外，由转入方自主经营管理。转入方要编制森林经营方案，并经县市林业主管部门批准后实施。转入方是森林资源保护的责任人，对发生林木病虫害和森林火灾的，积极防治和扑救。

⑧国有林承包或流转后的处理方式不同。伊春国有林权改革后，承包户由于没有林权证，所以只能自己经营管理，不能转让。黑龙江地方国有林流转后，可以转让，但必须在满5年后方可转让。

2.1.3 地方国有林权改革与集体林权改革的差异分析

黑龙江省集体林权改革是按照《中共中央、国务院关于全面推进集体林权制度改革的意见》文件精神统一部署，于2009年制定了《黑龙江省集体林权制度改革实施方案》，并进行改革。改革总体目标是用3年时间，基本完成黑龙江省集体林主体改革任务，建立起以集体经济组织内部家庭承包经营为基础、多种经营形式并存、责权利相统一的集体林业经营体制，逐步确立产权归属明晰、经营主体落实、责权划分明确、利益保障严格、流转顺畅规范、监管服务有效的现代林业产权制度，建立健全稳定的林业公共财政保障体系和有效的林业管理服务体系，全面理顺林业生产关系。集体林权制度改革的主要任务包括明晰产权、签订承包合同、勘界确权、规范流转和推进配套改革。

黑龙江省集体林权制度改革与地方国有林权改革的本质区别在于：

①森林、林木和林地的本质权属不同。集体林归集体经济组织所有、统一经营；地方国有林归国家所有、国家委托各市县林业局统一经营管理。

②林权制度改革方式不同。黑龙江省集体林权制度改革实行家庭承包经营或自由组合联户承包经营，即把集体林地经营权和林木所有权落实到农户，确立农民的经营主体地位，是将农村家庭联产承包经营制度从耕地向林地的拓展和延伸。而黑龙江地方国有林权改革是为调整林业所有制结构，改变目前国有森林资源单一管理的传统模式，将国有林地的使用权和林木的所有权流转给个人，而推行的森林、林木和林地流转改革，国有森林资源仍然归国家所有。

③林权制度改革范围不同。黑龙江省集体林权制度改革是将全部集体林进行明晰产权、落实经营主体；而地方国有林权改革仅仅是试点，面积不超过 40 万公顷。

④林权制度改革任务不同。黑龙江省集体林权制度改革不仅包括明晰所有权、放活经营权、落实处置权、保障收益权等主体改革内容，还包含配套改革内容。而地方国有林权改革仅仅处于试点探索阶段，流转后的法律、法规、相关制度等后续配套政策还没有制定。

2.2 理论分析

本节将对黑龙江省国有林权制度改革进行经济学解释，并对其所不可回避的公平和效率问题进行论述。

2.2.1 国有林权改革的经济学解释

国有林权制度存在着交易成本高、“搭便车”现象、“败德”行为及“寻租”行为等经济缺陷，国有林权改革具有对国有林经营主体的激励和约束、将国有林经营的负外部性内在化、合理配置林业资源提高效率等经济功能。

2.2.1.1 国有林权制度的经济缺陷

(1)交易成本高

私人选择取决于交易成本和收益的大小比较，因为在私人交易中，成本和收益是对应的。而公有选择涉及的成本和收益是多边的，付出的成本是直接的、确定的，获得的收益通常是间接的和不确定的，这使得选择行为过程变得复杂化，就不能通过成本收益的简单比较来进行。在国有林权制度下，由于国有林业统一经营决策涉及众多的参与者和利益相关者，其参与选择的机会成本是不断变化的，国有决策的成本、国有订立合约的成本、国有经营成本、利益分配成本都比私人决策高得多。

(2)“搭便车”现象

共同行动中的个人行动属“偷懒”行为，在实行平均分配的计划经济体制下，个人不被允许单独寻找获利机会、从事获利行为。在市场经济体制下，个人允许并鼓励寻找共同行动之外的获利机会，此时的个人行为就不再是“偷懒”，而是想尽办法逃避共同行动，将时间和精力用于单独获利行动，同时分享其他成员的劳动成果，即“搭便车”行为。这种行为倾向使得从事国有林经营管理存在较大的“外部性”。国有林权制度下的林业经营是一种“公共物品”，组织中的成员均会在林业生产上尽量少投入，而在分配收益时，尽量多争取。

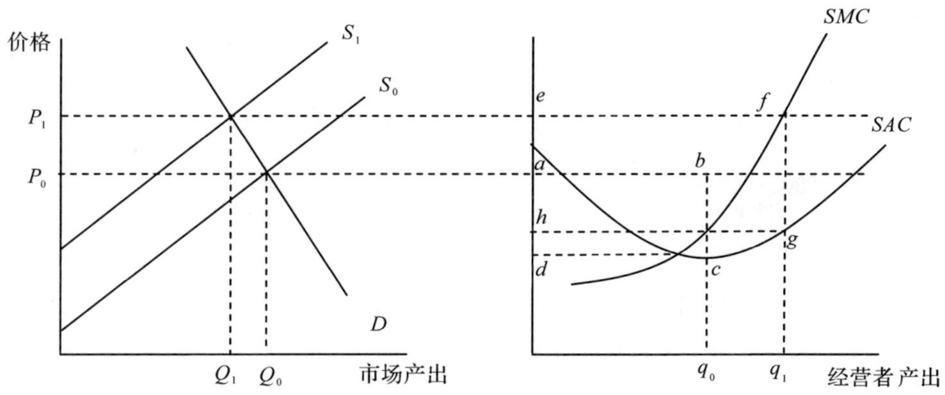

图 2－1　国有林权制度下的林业职工收益

“搭便车”现象可用图 2－1 来解释，假设以木材产量作为国有林经营产出，不存在搭便车现象时，市场的供给曲线为 S_0，需求曲线为 D，木材的价格为 P_0，产量为 Q_0；实际上，搭便车现象在国有林生产经营中是存在的，由于木材需求刚性，需求

曲线 D 不变，使得整个市场的木材供给曲线由 S_0 上升到 S_1，木材价格由 P_0 上升到 P_1，理性的经营者为获得最大收益，将会把产出从 q_0 提高到 q_1。在 q_1 更高的边际成本等于由新市场价格获得的更高的边际收益。

如果较高的市场价格使得参与国有林经营的经营者与不参与国有林经营的经营者都能获得国有林经营收益，那么，不参与国有林经营的经营者就可以利用新市场价格使利润由初始净利润的代表值 *abcd* 增加到 *efgh* 所代表的利润。

(3)“败德”行为

国有林经营组织中的每位成员都想以较小成本获得较多收益，除上述“搭便车”外，还有“败德”行为。在国有林权制度下，“败德”行为通常指个人为获得利益而不择手段地致使森林资源的直接损失和破坏，如乱砍滥伐、盗伐等行为。国有林权制度对国有林的监管机制不完善，使得采取“败德”行为的人可以以极小的成本获得最大收益，同时由于林木采伐限额的存在使得木材供给缺乏弹性，且供不应求，从而使木材价格上升，这又激励了“败德”行为。图 2－2 显示了林木采伐限额对木材供求的影响，正常情况下，林木市场供求平衡点为 E，价格为 P_0，数量为 Q_0；存在林木采伐限额的情况下，林木供给数量降为 Q_1，供给价格降为 P_1，需求价格上升为 P_2。

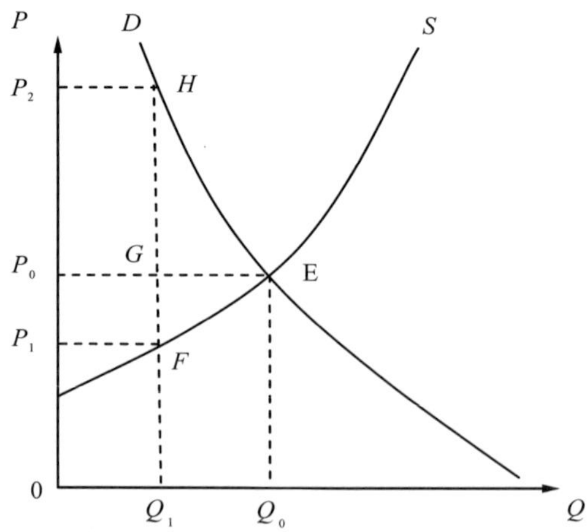

图 2－2　采伐限额对木材供求的影响

由此可见，国有林权制度和林木采伐限额制度共同为“败德”行为创造了机会，个人通过“败德”行为可获得 P_2HFP_1 的额外收益。

(4)“寻租”行为

按照经济学的定义和阐述，“寻租”行为是指人们凭借政府保护而进行的寻求财富转移的活动。当由林业产权决定林业资源配置时，就会形成“寻利”的林业经济发展机制；当由行政权力决定林业资源配置时，就会形成“寻租”的林业经济发展机制。显然，“寻利”的发展机制满足所有经营者的利益诉求，最终实现整个林业社会的福利最大化；而“寻租”的发展机制满足了极少数人的利益诉求，实现的是小利益集团的利益最大化。“搭便车”行为的存在使国有林经营中的多数成员不参与国有林的经营决策，实际上委托给组织领导者经营管理国有林。作为代理人的组织领导者，掌控着国有林的生产经营决策权，运用手中的行政权力对国有林资源进行配置，为个人或小利益集团获利，造成了“寻租”行为。[66]

这部分人在“计划”和“市场”两头都占便宜，他们一方面通过行政手段取得垄断地位控制资源，获得市场化、资本化的“改革收益”；另一方面又可以通过行政权力向基层收费。这既是他们打着“国有”之名、利用公共权力来牟利；也是部门权力寻租行为的根源，造成了政治上的腐败。[67]

2.2.1.2 国有林权改革的经济功能

国有林权制度的上述缺陷诱发需求新的林权制度，成为改革的经济诱因。而初始产权安排需借助国家的强制力量来界定，因此，诱致性制度变迁需借助强制性制度变迁来实现。

国有林权改革主要是指在不改变林地国有性质和用途的前提下，将国有森林、林木和林地由个人或企业承包经营。通过林权制度改革试点，调整林业所有制结构，改变目前国有森林资源国有国营的单一传统模式，推进森林资源经营机制转换，盘活森林资源资产，激发林业发展活力，促进林业持续、稳定、健康发展。

国有林权制度改革能够克服上述经济缺陷，同时还具有以下几个方面的经济功能。

(1)对国有林经营主体的激励和约束

对国有林经营主体的激励和约束是通过不同的机制实现的：通过利益机制实现激励功能。新的国有林权制度安排通过保障以发挥生态功能的公益林经营为主体的国家的利益和发挥经济功能的商品林经营为主体的国有林的承包户的利益，使国家和国有林的承包户都有动力去经营管理各自的林业领域。通过责任约束实现对国有林经营主体的约束功能。美国学者道格拉斯·诺思在2004年提出“良好界定的产权限制人们使用资产的方式，产权是使人们对他们的行动或不行动的结果负责的重要因素。此外，产权界定保证人们以某种方式承担他们行为的成本”。[68] 新的林权制度安排明确了国有林经营主体该做什么，不该做什么，指明了国有林经营主体的责任，经营主体通过行政法律约束和自我约束追求自身利益和集体利益的最大化。

(2)将国有林经营的负外部性内在化

福利经济学中，外部性分为正外部性和负外部性。国有林权制度下产生极大的正、负外部性。正外部性表现为：国有林经营组织内，个人的努力行为除了能增加自身的收益还能增加组织其他人的收益。上节描述了国有林权制度中存在“搭便车”行为，因此，国有林权制度的正外部性会在制度实施的初期阶段之后消失。负外部性表现为：国有林经营组织内，个别人的“败德”行为和领导者运用行政权力的寻租行为不仅有损其他人的收益，同时还破坏了生态环境。且负外部性不同于正外部性会随制度的实施而消失，负外部性是长期存在的。国有林权制度对“败德”行为和寻租行为的激励远大于对努力行为的激励，即负外部性大于正外部性。

产权明晰是指合理的界定和保护，它建立市场经济的必要条件，国有林经营只有在合理界定和保护林业产权条件下才能真正被纳入市场经济中。国有林权制度改革将由国家对界定为公益林的产权进行严格经营管理，由承包户对界定为商品林的通过竞拍获得私人产权进行承包经营。这样，合理界定林业产权，通过产权的排他性来消除“搭便车”、“败德”、“寻租”行为，进而将国有林经营的负外部性内在化。

(3)合理配置林业资源，提高效率

国有林权制度下，国有林经营实际就是国家掌控林业生产经营管理，在此基础下的国有林业经济除了无法建立排他性产权，还排斥了市场配置林业资源的方式，运用国家配置林业资源。林业经营中所包含的产权关系会作为效用函数进入经营者衡量标准，林权制度的改变势必会影响林业经营者的行为方式，而行为方式的改变又会进一步的影响到资源的配置、产出的构成和收入的分配等。国有林权制度下，林业资源存在利用过度和不足两个极端：一方面，因为每个经营者都拥有平等分配收益的权利，该权利势必导致林业资源的过度使用，如森林资源的乱砍盗伐；另一方面，国有林权制度下，国有林组织外的其他人员不允许进入，这就会导致当该组织林业资源相对丰富的时候会出现资源利用不足。因此，在林业资源拥有量相似的区域里，不同的林权制度成为经济绩效的一个影响因素。国有林权制度改革对林业资源进行了产权的划归界定，将适宜私有化的部分商品林划归界定为私人产权，将保障国家生态安全、具有“公共物品”性质的公益林界定划归为国有产权，从而对具有私有权属的商品林和国有权属的公益林采取不同的资源配置方式，提高配置效率。[66]

2.2.2 国有林权改革的公平与效率博弈

从某种意义上讲，国有林产权制度改革过程是公平和效率的博弈过程。是坚持公平优先，还是坚持效率优先，这是不可回避的问题。

国有林权改革的目标就是要改变国有森林资源国有国营的单一产权制度，确立多元产权格局，即实施国有林产权双重两权分离：第一重所有权与承包权的分离和第二重承包权与使用权的分离。所有权与承包权的分离目的在于解决部分林业职工、社会人的就业、生存保障和社会福利问题，概括起来就是解决社会公平问题；坚持国有林产权第一重两权分离，同时大力推进第二重两权分离。承包权与使用权的分离就其制度设计预期而言，主要是解决效率问题，双重两权分离有机的结合体现出公平第一的同时兼顾效率的制度安排原则。因此，两重两权的分离并非是对立的，而是一个问题的两个方面，第一重两权分离是第二重两权分离的基础，第二重两权分离是第一重两权分离的延伸和发展，不能分割开。

具体而言，分为两个方面，一是国有林产权双重两权分离是适应现实生产力的要求和满足生产力不断提高要求的统一即生产力和生产关系的统一，也就是说适应现实生产力实际的制度安排，同时双重两权分离还为国有林产权进一步整合制造条件，它彻底否定了超越生产力发展实际需要的产权制度安排并为创造新制度供给扫清了障碍；二是社会公平和经济效益的统一，即公平第一，兼顾效率。双重两权分离是依据我国实际生产力设计的制度安排，是产权制度渐进改革逐步提高效率的过程，是渐进改革方式的具体表现。例如国有林使用权的初次流转以及流转基础上使用权的有偿转让就是双重两权分离，其中很好地体现了“帕累托改进”下的资源配置效率。[69]

因此，国有林产权制度改革强调公平优先还是效率优先，其实是没有矛盾的，是统一的。公平优先是指国有林地等生产资料初始产权分配阶段。效率优先是指在生产经营环节的运作。

2.3 小结

研究范畴的界定是研究的基础，本章首先对黑龙江省林业自然状况和林业管理体制进行概述，确定本书研究的范围，即黑龙江省林业厅瞎属的地方国有林。并进一步对地方国有林权改革与伊春国有林权改革和集体林权改革的差异进行分析，找出异同点。然后，本章对黑龙江省国有林权改革进行理论分析，论述了国有林权制度存在着交易成本高、“搭便车”现象、“败德”行为及“寻租”行为等经济缺陷，国有林权改革具有的对国有林经营主体激励和约束、将国有林经营负外部性内在化、合理配置林业资源提高效率等经济功能。并对国有林权改革过程中的公平与效率问题进行阐释。

Chapter three

第 3 章 黑龙江省国有林权改革的动因、特征分析及实质判断

研究黑龙江省国有林权制度改革，有别于伊春国有林区林权制度改革和集体林权制度改革。本章首先透彻分析黑龙江省国有林权制度改革的动因、改革的特征，进而对林权改革进行实质的剖析和判断，为深入研究奠定基础。

3.1 黑龙江省国有林权改革的动因

任何一项制度的改革，都是在一定的社会经济背景下，由一系列因素诱发而形成的，国有林权制度改革也不例外。单一的国有国营的林业统管模式的失败正是国有林产权由“统”向“分”制度变迁的背景条件(图3－1)。

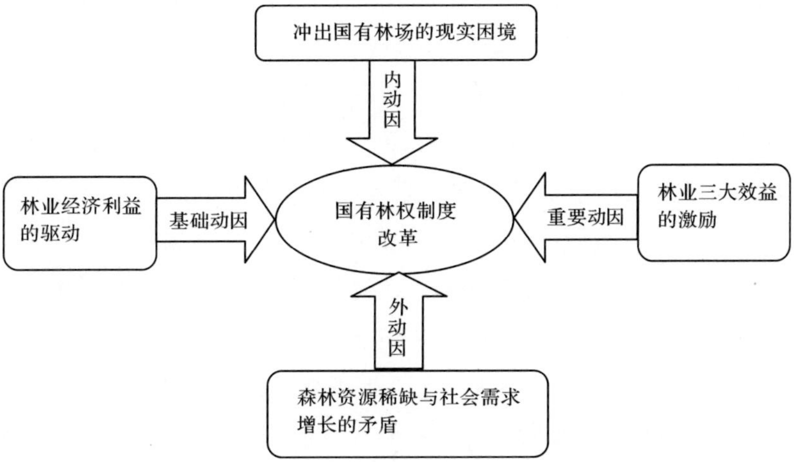

图3－1 国有林权制度改革的动因模型

(1)冲出国有林场的现实困境是国有林产权制度改革的内动因。对黑龙江省这一资源性城市占主要区域的省份来讲，对国家建设的贡献越大就意味着牺牲越大。自上世纪中后期开始，黑龙江省国有林场逐步陷入了难以自拔的重重困境：森林资源蓄积量和可采林木资源的迅速减少；国有国营体制下的“独木经济”走进了死胡同；社会事业欠账严重，林业职工生活水平偏低，各种矛盾交织在一起，进而形成资源性、结构性、体制性和社会性矛盾，成为资源消耗最多、历史包袱最重、贫困程度最深的重点国有林场。因此，国有林权制度改革的内动力源自冲出国有林场现实困境的历史必然抉择、不甘落后的创新精神以及顺应时代的改革发展要求。

(2)森林资源稀缺与社会需求增长的矛盾是国有林权制度改革的外动因。随着经济社会发展和城市建设的需要，黑龙江省森林资源稀缺性愈来愈突显出来。一方面，木材和林产品需求一直保持着刚性增长，而今后相当长一段时期内，木材和林产品供需存在较大缺口；另一方面，为了维护国家生态安全，作为传统木材生产基地的国有林场，木材产量在逐年调减。与此同时，由于林业的特殊性，受自然条件影响很大，病虫害、火灾、旱灾等自然灾害也使黑龙江省森林资源不断减少，从而进一步加剧了森林资源稀缺与社会需求增长之间的矛盾，激发了国有林权制度变革需求。

(3)林业三大效益的激励是国有林权制度改革的重要动因。国有林权制度改革具有激励功能，当承包户拥有林木产权后，就能保证其合理的收益预期和远期稳定收入，同时提高了造林积极性，促进森林资源增长；通过森林、林木和林地流转能够促进劳动力就业，维护国有林场稳定，从而发挥森林生态、经济和社会三大效益。

(4)林业经济利益的驱动是国有林权制度改革的基础动因。经济利益的刺激和诱导是国有林权制度改革的基础动力。在单一的国有国营林业产权制度下，林业职工不能充分获取其林业生产经营的全部收益，存在潜在利润。在经济利益的驱动下，林业职工有自发进行产权制度改革的要求。[70]

穷则思变，为调整林业所有制结构，改变目前国有森林资源单一管理的传统模式，探索林权制度改革新途径，进一步推进森林、林木和林地资源经营机制转换，盘活森林资源资产，激发林业发展活力，促进林业持续、稳定、健康发展。2007年，黑龙江国有林业在全国率先推行森林、林木和林地流转改革试点，试图建立森林资源统分结合的经营管理新机制，以林权制度改革为带动，推进国有林场的全面改革。

3.2 黑龙江省国有林权改革的特征

黑龙江省国有林权改革的特征可以归纳为：制度供给与制度需求的非均衡性；产权契约的不完善性；国有林业职工的强参与性以及地方政府的推动性。

3.2.1 制度供给与需求的非均衡性

制度供给与需求的非均衡是指人们对现存制度安排和制度结构的一种不满意或不满足，意欲改变而又尚未改变的状态。[71]

在此状态下，现存制度安排和制度结构的任何改变有可能会使不同制度创新主体获得利益，即现行制度安排和制度结构之外出现了另一种可获得潜在最大利益的制度安排和制度结构，它表现为制度供给与制度需求的不适应。

国有森林资源的现实问题使得利益主体对产权制度产生了新的需求，现存的产权制度供给显然不能满足要求，已经滞后于潜在的制度需求。使得国有林产权制度处于非均衡状态：一方面，对新制度的需求远远超过实际制度的供给，从而导致国有林产权制度有效供给不足。例如，对明晰界定国有林产权制度的需求、对健全国有林林地林木流转制度的需求、对林业投融资制度的需求和对森林保险的需求等潜在制度都早已产生，但实际制度供给至今尚未有一个明确的“时间表”；另一方面，个别国有林制度供给存在着“过剩”，即现行制度供给相对于社会需求是多余的，例如育林基金制度、森林资源采伐限额管理制度，极大地阻碍了投资资金流向林业领域，限制了林业的进一步发展。

国有林权制度改革正是为了解决国有林产权制度中不适应林业发展的产权制度而开展的，即应国有林产权制度需求而产生制度供给，最终达到制度供给与制度需求的均衡状态(图3－2)。

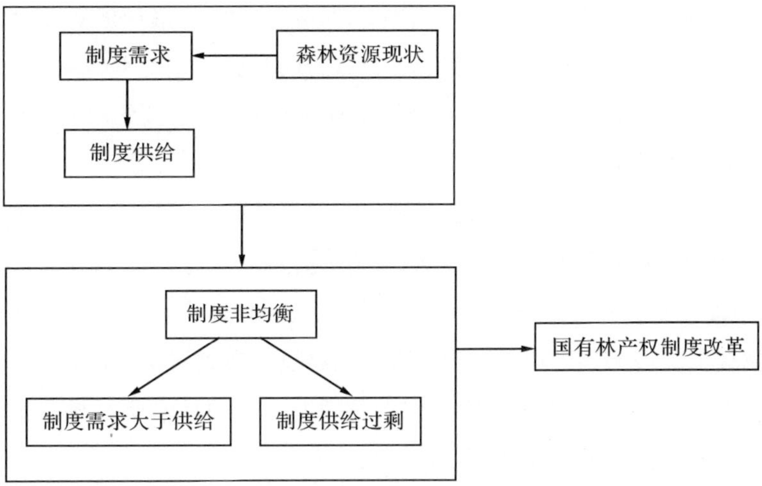

图3－2　制度供给与需求非均衡性图

3.2.2 产权契约的不完善性

经济学的基本假定为资源是稀缺的，在这种条件下，谁得到什么，谁做什么就是十分重要的，这种安排资源的规则就是产权契约。因为产权是一种特殊的契约，这种契约规定了不同权利在不同主体之间的界定和分配。另一方面，契约是规定各行为主体在不同情况下的权利和义务，因为它界定了不同的主体在不同条件下可以获得的收益和必须付出的成本，所以本质上是一组产权契约。这种契约的功能是提供将外部性尽可能内在化的激励，在通常情况下，产权的界定和保护是通过法律体制实现的，同时国家产权和法律规定也是产权契约结构的一个组成部分。

作为多维结构的产权契约，产权是可分解的，产权的可分解性增加了对资源配置的灵活性和效率，从而实现激励、约束、外部性内在化和资源配置的功能。由于个人的有限理性和机会主义行为、外在环境的复杂性、信息的不完全性和不对称性以及交易成本的存在等原因造成现实中的产权契约是不完全的，从动态上来讲，产权又是一种不完全的契约，因为产权的界定和保护是需要成本的，谈判总要花时间和其他消耗，交易也存在许多的不确定性，契约不可能涵盖所有的情况，不可能拟定完全的契约，不完全的契约不可能将所有条件下的责任和权力规定清楚，所以产权契约只能是不完全契约。当契约不完全的时候，产权的最初配置就显得十分重要，这种情况下没有详细规定的那部分剩余权力的归属就变得十分重要。那些未被界定的部分就留在“公共领域”，成为寻租和攫取的对象，有效的产权契约也是应尽量降低租金耗散的契约。[72]

完整的产权是一组权利束，从法律规定来看，国有林产权具备了完整产权所具有的占有、使用、收益和处置权利，似乎是较完备的产权。但实际上却存在种种特殊限制，特别是对交易权的限制，导致林权残缺。具体表现为：①林地产权的残缺。国有林地所有权归国家所有，但代理人问题没有得到清楚界定。，是地方政府、国有林场还是林业职工。②林木所有权的残缺。完全的林木所有权应该包括使用权、收益权和转让权，但不少地方的林木经营权并未完全掌握在林业职工手中，他们没有完整、主动的收益权，林木的交易也受到很多限制。③林木交易选择权被剥夺。产权交易最重要的是权利主体的选择权。权利主体有权选择交易对象、交易方式、交易价格，这是市场经济之所以能有效配置资源的基本条件。任何对经纪人自由交易的限制，都会影响资源配置效率，也就难以实现社会福利最大化。[73]因此，国有林权改革主要是明晰界定产权和有效保护产权，通过产权制度最大化的激励承包户和其他相关利益主体的经营行为。[74]

3.2.3 林业职工的强参与性

改革开放以来，我国国有林场职工人均收入明显提高，基本解决了温饱。但是，与城镇居民相比，国有林场职工收入仍然很低，甚至低于农村的农民。在全面建设小康社会的新形势下，广大国有林场职工实现增收致富的要求越来越强烈。

同时，随着经济发展和林业市场化程度的提高引发社会对林产品和森林环境需求持续增长，市场拉动和政府“让利”双重作用下森林资源稀缺度随之提升。谁占有资源，谁就可能获取市场和政策变化带来的增益。森林资源经营收益凸显的事实激发了国有林场职工对森林资源强烈的产权需求。而林业以靠近林业职工、适应他们的显著特点和资源开发潜力大、产品需求旺盛的独特优势，成为国有林场职工增收致富的必然选择。

改革现行的国有林权制度，已成为国有林场职工的共同心声和热切期盼。按照《黑龙江省森林、林木、林地流转试点管理办法》要求，“林场职工可优先参与流转，并给予优惠。”这也充分体现了林改就是让林业职工最先享受改革成果，以提高他们的生活水平。根据我们调研结果，在流转试点中，林场职工参与的积极性很高，汤原县正阳林场、宁安市江东林场、三林林场、三灵林场、石岩林场、爱辉区桦皮窑林场宾县太平山林场均有林业职工参与。有林业职工参与流转的国有林场占总流转试点国有林场的63.6%。

3.2.4 地方政府的主导性

黑龙江省委、省政府根据《中共中央、国务院关于加快林业发展的决定》和《中共黑龙江省委、黑龙江省人民政府关于加快建设林业强省的决定》等有关法律、政策法规在深入调研的基础上制定了《黑龙江省森林、林木、林地流转试点管理办法》和《黑龙江省森林、林木和林地流转试点实施方案》来规范管理黑龙江省森林、林木、林地流转试点工作，提高试点工作的操作性和实效性，以确保林权改革试点工作的顺利实施。

从黑龙江省国有林权制度改革试点的实践来看，其主导者是黑龙江省委、省政府，由黑龙江省林业厅具体实施。黑龙江省林业厅成立了林权改革试点工作领导小组，专门成立了林改发展处，下设业务科、财务科、综合办公室，形成上下贯通、协调一致的组织领导体系，具体负责森林、林木和林地流转试点的各项工作，包括实物量调查、资产评估、招投标、签订合同、转让费收缴、流转审批、林权变更、档案管理等。

可以看出作为国有林权改革的主导者，黑龙江省委、省政府在改革中处于非常重要的地位，除了承担领导指挥、组织推进与宣传动员等把握全局的工作，还承担了林权制度改革所需的大量基础性工作。

3.3 黑龙江省国有林权改革的实质判断

林权制度改革是以林地权益为核心的对森林资产权益关系进行重大调整的改革，政府需要落实制度化、规范化与人本化管理的理念，在产权界定与产权救济方面为国有林承包户提供制度与政策方面的保障；需要协调各方利益主体的权益，引导全社会的积极参与，建立林业发展与承包户增收的长效机制。

3.3.1 赋权与规制

产权制度是为了适应市场交易的需要而设计的。在没有市场交易或者市场不能正常发挥调节作用时，产权明晰与否意义不大。从我国国有林发展的宏观环境看，大体上经历了两个截然不同的阶段：计划经济时代和市场经济时代。历史的经验证明林权制度总是在“统”与“分”的两个极端轮回，始终难以走出“一放就乱、一统就死”的怪圈。

3.3.1.1 赋权

(1)赋权是指制度制定者以规范性文件的方式赋予国有林经营者某项权利或者某种资格的活动。被赋权的国有林经营者具有从事国有林经营活动的主体资格。强调在国有林权制度中赋权于民，目的在于充分发挥广大国有林经营者的主观能动性，国有林经营者处于国有林经营的最前沿，市场的高度复杂性与多变性决定应当赋予国有林经营者更大程度的自主权。

有效赋权应该具备以下特性：①权限清晰。赋权是将国有林经营权下放，是权力由国家向承包户的整体位移，必须清晰地界定权利的去向和边界，即需要解决赋权的对象及其权限。②权责完整。广大承包户在履行规定的义务后，还应当保障其必要的处置权和收益权，只许经营不许处置和收益的赋权实际上是加重了被赋权者的义务。赋权于民应当做到权利与义务的统一，只有权责完整的赋权才可称得上是有效的赋权。③保持相对稳定。赋权之所以能够起到调动承包户经营管理主观能动性，关键在于赋权可以改善国有林经营者对经营活动的稳定预期。因此，赋权需要具有稳定性，这也是我国林权制度改革历经反复所总结出的主要教训之一。

(2)赋权既是一种林权管理方式，也是一种激励机制。但是，仅靠激励因素是难以实现高效赋权的，高效赋权的前提是要有明确的目标规制。如果国有林产权可以在市场经济条件下任意流转，森林资源流失将成为必然。因此，就要对国有林产权流转进行预置纠偏，即规制。[75]

3.3.1.2 规制

“规制”的译法最早见于经济学家朱绍文等翻译的日本著名经济学家植草益所著的《微观规制经济学》，根据朱绍文的解释，是日本经济学家将英语中的 regulation 或 regulatory constraint 译成“规制”，规制强调的是按照规则进行规范、制约。[76]本书中的规制一词是指利用制度对国有林经营者及政府主管部门进行规范和制约的活动。国有林经营中的外部性问题、国有林产权流转中的信息不对称现象、森林采伐导致生态功能丧失等，都是市场失灵的具体表现，这些问题只有通过政府的规制加以解决，同时，规范政府的行政管理活动，对落实国有林权制度改革也是十分重要的。

林业有着与生俱来的天然局限性，林业投资风险大、生产周期长，如果单纯赋予国有林经营者以完整产权，并不一定能实现生产要素的优化配置、创造出好的经济效益，更有可能出现的情况是过度流转和不正常的资源集中，进而与改革的初衷背道而驰。因此赋权与规制是确立国有林权制度改革不可或缺的重要手段，二者之间是相辅相成、缺一不可的辩证统一关系。[75]

3.3.2 相关主体利益的重新分配

政府行政权力的特殊性导致其行为对其他利益主体福利可能带来受益(正外部

性）或受损（负外部性）结果。我国计划经济和过于集中的行政权遗留的制度环境形成了我国政府权力的强限制性，而市场机制形成过程中的利益驱动则加大了政府行为负外部性的可能。从“林业三定”开始，每一次林业产权政策和项目都对国有林初始产权在不同利益主体之间重新配置。

成功的改革必须兼顾各方的利益，林权制度改革成功的关键是能否协调好各方的利益关系，理顺各主体的利益分配。黑龙江省国有林权改革不仅涉及国有林承包户、国有林场，还涉及中央和地方政府，这些主体也构成了产权制度创新中的利益主体，制度创新的过程实际上是利益主体的利益格局被打破和重新再建立的过程。[77]因此，国有林权改革就是相关主体之间的利益平衡，以实现森林资源生态、社会和经济三大效益的耦合，全面实现国家得生态、企业得发展、林业职工得收益、社会得稳定，让“三大”效益得以兼顾，实现国有林权制度改革应有的效率。

3.3.2.1 中央和地方政府的利益诉求

国有林权改革中，中央和地方政府是机制的设计者，追求的是社会效益、生态效益，社会的稳定、健康发展，林业职工的安居乐业，降低失业率，林业职工增产、增收，整个林业走可持续发展的道路。

从试点的实践中看，中央政府从林权改革中获得了经济效益和生态收益。通过林地林木的承包和转让，节约了育林投入，减少营林成本。通过把森林资源交给承包户承包经营，有效解决了防火、护林、造林等一系列问题；从生态效益的角度，随着林业资源的恢复，资源质量将大幅度提高，森林生态系统的整体功能必将增强，森林涵养水源、保持水土、防风固沙的作用也将得到加强，这些对于恢复和改善生态环境和保障国家生态安全都至关重要。

地方政府通过林权制度改革，逐步缓解了社会稳定问题和解决了历史包袱。随着民间资本的大量进入，把部分林业职工和社会人转变成投资者，既扩大了就业渠道，缓解社会就业和职工下岗再就业的压力，有效缓解了社会稳定问题。[78]

由于林业的特殊性，决定了中央和地方林业部门的特殊职责。林业相关主管部门对林木的采伐量进行控制，同时对砍伐后采伐迹地的更新进行管理。林权改革后，一系列新的合作经济组织、社会化服务组织承担过去由林业主管部门管不了、不好管的职能。他们从主角的角色上退下来，从繁重的育林和护林任务中解脱出来，[79]在森林经营过程中，主要承担的职责是颁布相应的法律和法规，把握森林经营的整体方向，同时对森林经营具有强制执行的权利。因此，中央和地方政府的工作重心转移到了指导帮助、行政执法和公共服务上来，从单纯的管理职能转向了指导、协调和服务职能。

3.3.2.2 国有林场的利益诉求

作为国有林权改革中间层的国有林场，实行的是生产性事业单位的企业化管理体制，承担繁重的生产经营任务，追求自身利益的最大化，同时希望其提供的生态效益产品得到一定的生态补偿和政策性的补贴。通过中央和地方政府的财政拨款、转移支付等获得更多的收入。

国家和国有林场，存在着委托代理关系，国家委托国有林场管理国有林，由于信息优势的存在，国有林场在经营管理中，能够节约交易成本，既能执行国家的整体发展规划，又能发展地方的特色林业。国有林场介于中央及地方政府和承包户之间，是中央及地方政府和承包户的纽带。

因此，林权改革对于国有林场，无论是制度设计还是分配规则的设置，都维护了其利益，也体现了作为代理人的受益权。国有林场出于摆脱经济困境，缓解经济压力，因此从利益的角度来看是支持林权制度改革的。从政治的角度来看，林权改革后，由于摆脱了防火、防盗、防虫等日常工作，他们有更多的时间和精力向承包户提供服务，大大提高了服务职能。从经济的角度来看，林权制度改革后，国有林场将从林业上获得收入。因此，无论从政治上还是经济上，国有林场都会支持林权改革，事实上，没有他们的大力推动，国有林权制度改革也不会如此顺利地进行。

3.3.2.3 承包户的利益诉求

部分林业职工和社会人——承包户，作为一个新兴的林业经营主体，在国有林权改革过程中是直接受益者，也是改革的坚决拥护者。他们是以自身利益为前提的，一方面追求个体利益最大化，这种利益取向是通过承包国有林后，拥有对林地作物的处置权和对林地的流转权，通过对森林资源的立体综合经营、发展林下经济取得短期收益，近期能够改善生活，将来通过对林木资源的所有来获取持续性的收益。其生产经营，主要是考虑到自身能获取多少利益，由于这个出发点，分析市场动态，选择适合自身生产的项目，在所包林地上进行生产经营。[80]另一方面，希望得到生态补偿，期望获得无形产品。

事实证明，林权改革后，承包户对造林育林的积极性和保护森林的自觉性都极大提高，使得森林资源不断增加，生态环境得到改善，生态效益不断增加。同时，承包户开展林下经济的收入明显增加，国有林场富余劳动力就业状况也得到部分改善，减轻了中央和地方政府的就业压力。

通过以上分析可以看出，中央和地方政府的利益目标是实现林业的生态效益和经济效益；国有林场的利益目标是振兴经济，缓解就业压力；承包户的目标是提高收入。中央和地方政府利益的实现需要国有林场和承包户对森林资源进行恢复和经营，而这也是承包户取得长期收益的唯一手段，政府利益的实现需要森林资源的立体综合经营、发展林下经济振兴区域经济，而这同样是承包户实现短期收益的唯一途径。由此可见，林权制度改革必须达到中央与地方政府利益的实现路径与国有林场和承包户个人利益的实现路径相一致的目的，满足激励相容约束。[78]

3.3.3 新国有林权制度与其他制度的适应相容

新制度经济学认为，各种制度安排是相互联系的，某一特定制度安排的变革，将引起其他相关制度安排的不均衡；反之，如果其他相关制度安排变革的过程过于迟缓，或与该特定制度安排不相容，那么该制度安排的变革就会受阻、变形甚至完全失败。因此，国有林权改革后的新国有林权制度应与其他相关制度适应相容。

国有林权改革后，随着市场经济机制的引入，产权主体的多样化(新增承包户这一产权主体)，产权组织模式的分散化，森林资源管理制度和国有林经营制度等将面临严峻挑战。这里的森林资源管理制度主要指营林生产管理和木材采运管理。营林生产管理包括造林及抚育更新管理、林地林权管理、森林防火及病虫害管理。木材采运管理包括采伐许可证管理、采伐限额管理、木材运输管理、三总量管理。

林权制度改革后，国有森林资源管理面临新的问题，主要矛盾和冲突集中于营造林和森林采伐的管理制度。一方面正在实行的国有营造林管理的有关规定(造林技术规程、造林的经济目标等)和产生于计划经济体制下的育林基金制度，难以与新的国有林产权制度相适应。新产权主体的森林经营更倾向于市场目标，因此呼唤与之相适应的森林经营制度的建立。另一方面，原有的森林资源采伐限额审批、伐区检查与管理的相关制度也将面临严峻挑战，尽管这种挑战目前还处于隐性状态。

国有林产权制度改革是将民营经济引入国有林经营中，改变过去国有国营的状态。这样国有林经营主体将出现多元化，国有林经营制度也随之发生改变，具体包括营造林经营制度、森林保险制度及森林生态效益补偿等制度。[81]

那么，未来国有森林资源如何经营和管理才能做到与新林业产权制度达到一种契合状态。这是国有林权改革需要解决的问题。因此，为确保新的国有林产权制度有效运行，原有的国有林经营和管理等相关制度需要重新调整和规范，与之适应相容。

3.4 小结

任何一项制度的改革，都是在一定的社会经济背景下，由一系列因素诱发而形成的，国有林权制度改革也不例外。本章首先对黑龙江省国有林权改革的内动因、外动因、基础动因、重要动因进行分析，然后就黑龙江省国有林权改革的特征进行归纳，总结为：制度供给与制度需求的非均衡性、产权契约的不完善性、国有林业职工的强参与性及地方政府的推动性。最后，对黑龙江省国有林权改革进行实质判断，赋权与规制、相关主体利益的重新分配、新国有林权制度与其他相关制度的适应相容是此次国有林权改革的实质内容。

Chapter four 第 4 章 黑龙江省国有林权改革现状及效果分析

自2007年黑龙江省林业厅颁布《黑龙江省森林、林木、林地流转试点管理办法》进行试点已3年有余，本书将对首批试点的市县实施总体情况，以及在实施过程中所遵循的原则、程序等主要做法进行阐述，并对黑龙江省国有林权改革现状进行实地调查分析，然后从生态效果、经济效果和社会效果3个维度对改革的成效进行统计描述分析。

4.1 国有林权改革具体实施方案

为调整林业所有制结构，改变目前国有森林资源单一管理的传统模式，探索林权制度改革新途径，推进森林、林木和林地资源经营机制转换，盘活森林资源资产，激发林业发展活力，促进林业持续、稳定、健康发展，黑龙江省于2007年颁布了《黑龙江省森林、林木、林地流转试点管理办法》进行国有林流转试点。

(1)把握原则，尊重民意

流转试点坚持有利于森林资源保护、培育和合理利用的原则；坚持公开、公平、公正和自愿、平等、有偿的原则；坚持不改变林地用途的原则；坚持依法报批、评估的原则；坚持面向社会公民、法人和其他组织，本林场职工优先并适当给予优惠的原则。

(2)加强领导，因地施策

省林业厅成立了由主要领导牵头，各相关处室参加的领导小组，专门成立了林改发展处，下设业务科、财务科、综合办公室，负责国有林改革各项工作。各试点林业局及农牧场相应的成立了领导小组，建立领导组织，明确职责，准确把握林改试点的方向和进程。同时根据省政府要求，结合垦区实际情况，制定了垦区《黑龙江省森林、林木和林地流转试点实施方案》，确定流转要件、范围，确保流转不走样。

(3)规范程序，依法流转

森林、林木和林地流转的程序包括：申请、初审、实物量调查、资产评估、招投标、签订合同、转让费收缴、流转审批、林权变更、档案管理等。

①国有森林、林木流转首先由各县(市)林业局提出申请，经所在市(地)林业局审核后，报省林业厅。

②省林业厅对申请材料进行审查，审查内容包括：权属凭证的真实性；拟流转地类、林种、范围等是否符合相关规定，图、表是否与现地符合；流转后森林、林木和林地的用途和发展目标是否符合林业法律和政策规定等。对面积较大的款进行现地复核或委托市(地)进行现地检查。对审查合格的省林业厅给申请单位下发准予流转初审通知书。

③黑龙江省林业厅委托省林业勘察设计院按照下发的准予流转初审通知书要求对流转森林资源实物量进行调查。流转森林资源区划和调查，尊重试点单位的意见的前提下，严格执行《黑龙江省市县林区森林资源资产评估实物量调查操作规程》。符合流转条件的区域以林场为单位合理区划为若干个小区(区划小区尽可能同林班相吻合)，每个小区再区划为若干个单元(区划单元尽可能同原经营单位经营小班相吻合)，单元面积精度达到98%以上。区划图例统一样式，平面图比例尺为1:5000、位置图比例尺为1:25000。对拟流转调查区位同其他单位相邻的，必须有相邻单位的认界情况说明，对林权有争议的，不进行调查。同时，调查单位根据资产评估机构所需情况，提供所需的相关调查因子。林业厅组织专家对实物量调查进行评审。这里的专家包括省林业厅各相关处室(资源林政处、国有林场管理局、财务处、林改发展处)的负责人和地市林业局主管领导。

④国有森林、林木和林地流转前，黑龙江省林业厅遴选具有资质的北京中林资产评估有限公司进行森林资源资产评估。该公司按照国家和黑龙江省有关森林资源资产评估的技术规程和办法进行评估，并出具评估报告，报黑龙江省林业厅核准。林业厅组织专家进行核审。同时要求自森林资源资产评估基准日起满1年后再进行流转的，由于市场情况、森林的生长量不同，重新进行森林资源资产评估。

⑤黑龙江省林业厅建立森林、林木和林地流转交易机构，设置流转交易大厅，公开发布森林、林木和林地流转信息，统一办理流转交易。招标工作由省林业厅或有指定的林业局组织，具体招标方式按《黑龙江省森林、林木和林地流转试点管理办法》规定执行(预交10%保证金)。流转价格原则不低于评估价，本林场职工可优先参与，流转价格不低于评估价85%，每个职工优惠面积不超过10公顷。

⑥国有林流转后，签订由林业厅统一规定的流转合同，合同规定如需转让，必须在满5年后方可进行。流转期限不超过70年。

⑦流转费用的收缴和流转的审批按照相关办法规定执行。中标者按合同规定付

清转让费后，到县市林业局申请办理权属变更登记。

⑧各试点林业局建立流转档案并专门管理。[82]

4.2 国有林权改革现状分析

2010年9~12月调研组在黑龙江省国有林权改革试点进行了为期4个月的调研活动。先后走访了宾县、鹤岗市区、宁安市、汤原县、勃利县、爱辉区6个试点林业局、11个国有林场，与各试点林业局主管领导、林改办主任及各相关职能处室负责人、国有林场领导、参与流转的林业职工、社会个人、社会企业各层面相关人员进行了广泛的座谈；并深入到各试点国有林场实地调查、查阅原始资料，为本书的分析提供了大量一手资料。本节将调研得到的数据材料从总体情况和各试点国有林场具体情况分别进行论述。

4.2.1 国有林权改革总体情况

截止到2010年12月，经黑龙江省各县市林业局申请，林业厅批复，首批确定流转单位为：汤原县、宁安市、宾县、爱辉区(黑河)、勃利县、鹤岗市区。国有森林、林木和林地累计共批准试点范围59607.3公顷，完成实物量调查面积60643.9公顷，完成资产评估面积45215.8公顷，完成招标或拍卖面积39398.8公顷，流转收益2.22亿元。试点总体情况如表4-1，表4-2所示。

表4-1 国有森林、林木和林地流转试点情况

单位：公顷、立方米、万元

	流转申请		实物量调查		资源资产评估		拍卖、竞拍		
单位	面积	蓄积	面积	蓄积	面积	蓄积	面积	蓄积	成交金额
汤原县	213.7	17121.0	211.9	17122.5	211.9	17122.5	163.0	13699.02	657.9
宁安市	2244.8	665658.4	2564.2	170785.0	2564.2	170785.0	745.6	39069.0	1935.1
爱辉区	54210.2	1579361.7	55356.3	1578082.2	39928.2	1578082.2	36139.8	1416548.3	15270.2
勃利县	1541.0	101722.7	1161.9	101722.7	1161.9	101722.7	1125.0	99687.6	2622.0
宾县	597.6	1905.9	597.6	1905.9	597.6	1905.9	473.4	20555.8	294.9
鹤岗市	800.0	39145.0	752.0	51265.1	752.0	51265.1	752.0	51265.1	1409.0
总计	59607.3	2404915.0	60643.9	1920883.0	45215.8	1920883.0	39398.8	1640825.0	22189.1

数据来源：黑龙江省林业厅(2010年)

从表4－1可以看出，国有林流转申请时面积大都与实物量调查时面积不符，实物量调查时面积较小，只有宾县流转申请时的面积和实物量调查时一致。国有林流转进行资源资产评估时面积和蓄积与实物量调查时的基本保持一致。爱辉区国有林流转拍卖成交的面积最大，为36139.8公顷，成交金额15270.2万元。汤原县国有林流转成交面积最小，为163公顷，但成交金额657.9万元，高于宾县国有林流转的成交金额294.9万元，分析原因，主要是宾县的国有林都流转到林业职工手中，价格优惠15%，而汤原县国有林流转对象除林业职工外，还有社会个人，因此成交金额较高。

从此表中，还可以看到，国有林拍卖成交的面积一般都少于资源资产评估时面积，也就是说，拟流转的国有林尚未全部流转出去，这里，只有鹤岗市红旗林场的国有林全部流转了。其中流转最少的是宁安市，仅为资源资产评估面积的29.1%，通过调查了解到，主要由于宁安市拟流转得国有林地块较为偏远，森林资源较差，立地条件不好，林分质量较差，因此竞买人参与积极性较低。其余各县市国有林流转比例都在75%以上。

由表4－2可以看出，黑龙江省各流转试点国有林场流转对象分为三类，一类是林业职工，一类是社会个人，另一类是社会企业。单从国有林流转的成交面积上看，流转到社会企业的最大36758.94公顷，其次是流转到林业职工手中，面积为2231.6公顷。最少的是流转到社会个人，面积是408.3公顷。从成交的金额来看，国有林流转成交额最多的当然是流转到社会企业，金额为19301.2万元，流转到林业职工手中的国有林成交额却不高，为2370.4万元，这也充分体现了《黑龙江省森林、林木、林地流转试点管理办法》中规定“本林场职工可优先参与，流转价格不低于评估价85%”这一宗旨，让林业职工得到林改实惠。但从另一侧面可以看出，即使《流转办法》中给予林业职工在流转国有林时优先优惠，林业职工多数家庭也没有购买能力。

表4-2 各流转试点区流转对象情况 单位：公顷、万元

试点单位		流转对象					
		林业职工		社会个人		社会企业	
		面积	成交额	面积	成交额	面积	成交额
汤原县	正阳林场	95.5	333.9	67.5	324	—	—
宁安市	江东林场	167.7	420.5	176.3	402.4	—	—
	三林林场	112.7	304.9	88.2	244.1	—	—
	三灵林场	111.8	282.4	76.3	258.9	—	—
	石岩林场	12.6	21.9	—	—	—	—
爱辉区	滨南林场	—	—	—	—	34881.9	15270.2
	桦皮窑林场	1257.9	711.9	—	—	—	—
勃利县	罗泉林场	—	—	—	—	536.89	1367
	长兴林场	—	—	—	—	588.15	1255
宾县	太平山林场	473.4	294.9	—	—	—	—
鹤岗市	红旗林场	—	—	—	—	752	1409
总计		2231.6	2370.4	408.3	1229.4	36758.94	19301.2

数据来源：实地调查整理所得

4.2.2 国有林权改革各流转试点具体情况

(1)汤原县

汤原县林业经营总面积84869.79公顷，总蓄积量510万立方米，其中国有林面积73464公顷，蓄积5104713立方米。经汤原县林业局正阳林场申请，黑龙江省林业勘察设计院调查、北京中林资产评估有限公司评估，黑龙江省林业厅批复，汤原县首次将流转国有森林、林木和林地面积211.9公顷，蓄积17122.5立方米。主要树种为落叶松、樟子松、红松等。

拍卖、竞拍面积达163.0公顷，蓄积13699.02立方米，分别占国有林资产评估面积和蓄积的76.9%和79.9%，成交金额为657.9万元，流转期限为70年。参加森林、林木和林地流转竞买的89人，其中林业职工41人，买到林地的11人，面积1432.7亩*，蓄积13699.02立方米，成交额333.9万元。分别占流转总面积、总蓄

* 1亩=0.067公顷。

积和成交额的58.6%、59.4%和50.8%。

汤原县规定国有林业职工参加竞买后成交的在规定的时间内，一次性交齐流转款的，按照成交额5%给予让利优惠。但每个职工优惠总面积不超过150亩。流转后符合规定需要采伐的，林业主管部门在采伐限额和计划内，根据《森林经营方案》统筹安排。使用地方采伐指标确实有困难的，县林业行政主管部门负责逐级向市、省林业主管部门另行申请采伐指标。

(2)宁安市

宁安市林业经营总面积479543公顷，活立木总蓄积4502万立方米，其中国有林面积108623公顷，活立木总蓄积8673362立方米。宁安市首批除小北湖林场、营城子林场外都参与了流转，共有5个林场，分别是江东林场、三林林场、兴隆林场、三灵林场和石岩林场。小北湖母树林林场是全国最大的长白落叶松、红松天然母树林基地之一，1992年经林业部批准，建立了国家级火山口森林公园，而营城子林场为小北湖母树林林场的天然屏障。为此，省林业厅禁止小北湖母树林林场和营城子林场进行森林、林木、林地流转。

经宁安市林业局申请，黑龙江省林业勘察设计院调查、北京中林资产评估有限公司评估，黑龙江省林业厅批复，宁安市首次将流转国有森林、林木和林地面积为2564.2公顷，蓄积为170785立方米，流转期限为70年。主要树种为落叶松、樟子松、红松和柞树等。江东林场面积1115.8公顷，蓄积105387立方米；三林林场面积530.4公顷，蓄积39782立方米；兴隆林场面积309公顷，蓄积5828立方米；三灵林场面积468公顷，蓄积18613立方米；石岩林场面积141公顷，蓄积1175立方米。

由于流转的国有林较为偏远，竞买人参与积极性较低，实际拍卖、竞拍面积仅为745.6公顷，蓄积为39069立方米，分别占国有林资产评估面积和蓄积的29.1%和22.9%，成交金额为1935.1万元。由于兴隆林场拟流转地块森林资源差，立地条件不好，林分质量差，因此尽管已经批准并进行资产评估拟流转，但所有小班都没有成交。

参加竞买成交的买方有林业职工，还有社会个人。其中流转到林业职工(林场职工和林业局职工)国有林404.8公顷，占流转总面积的54.3%，成交额1029.7万元；流转到社会个人340.8公顷，成交金额905.4万元。宁安市规定国有林业职工参加竞买后成交的在规定的时间内，一次性交齐流转款的，按照成交额15%给予让利优惠。但每个职工优惠总面积不超过10公顷。

国有林流转后，资金收益其中20%上缴省级财政356.12万元；用于解决历史欠账87.68万元，占流转总收益的0.49%；用于解决职工工资601.12万元，占流转总收益的33.76%；用于职工保险586万元，占流转总收益的32.91%；用于实物量调查、资产评估等流转成本149.68万元占流转总收益的8.4%。

(3)爱辉区

爱辉区林业经营总面积1194443.4公顷，总蓄积量59785127立方米，其中国有林面积1189438.2公顷，蓄积59030356立方米。爱辉区首批确定进行国有森林、林木和林地流转的是滨南林场和桦皮窑林场。桦皮窑林场拍卖、竞拍面积为1257.9公顷，蓄积为53635.7立方米，主要树种为兴安落叶松、白桦、柞树。全部按照资产评估价格分给了该林场职工，成交金额为711.9万元，流转期限为70年。

滨南林场将流转的国有森林、林木和林地面积为34881.9公顷，蓄积为1362912.6立方米，主要树种为落叶松、白桦、柞树。全部由广和盛兴林木股份有限公司竞拍到，成交金额为15270.2万元，流转期限为70年。这家大企业曾经是当地政府招商引资进来的，购买国有林后，建立起了“林板一体化加工厂”。当时竞拍时主要出于两方面原因：一方面是把竞拍到的国有森林、林木和林地作为企业自身的原材料储备；另一方面是打算把它作为基地，为企业上市做准备。滨南林场把流转的收益主要用于还林业职工的工资欠账、支付职工养老保险等。

(4)勃利县

勃利县林业经营总面积95361.3公顷，总蓄积量5516283立方米，其中国有林面积78507公顷，蓄积5131636立方米。勃利县首批确定进行国有森林、林木和林地流转的是罗泉林场和长兴林场。罗泉林场拍卖、竞拍面积为536.89公顷，蓄积为48498.63立方米，主要树种为落叶松、樟子松和红松等。成交金额为1367万元，流转期限为70年。长兴林场拍卖、竞拍面积为588.15公顷，蓄积为51188.98立方米，主要树种为落叶松、樟子松、红松、黑桦、杨树等。成交金额为1255万元，流转期限为70年。这两个林场流转的国有林全部由当地的一名矿主购买的，购买后成立了七台河市泉兴林业开发有限公司。流转后收益用于解决林场内部拖欠的职工工资，使得远期收益变为近期收益。

(5)宾县

宾县林业经营总面积183.58万亩，其中国有林面积159.39万亩，有林地面积139.82万亩，蓄积925340立方米。宾县首批参与国有森林、林木和林地流转的只有太平山林场。太平山林场经营总面积17.4万亩，林场职工268人。其中国有商品林61260万亩，拟流转林地总面积8963.5亩，占商品林面积的14.6%。经宾县林业局申请，黑龙江省林业勘察设计院调查、北京中林资产评估有限公司评估，黑龙江省林业厅批复，宾县首次将流转国有森林、林木和林地面积7101.4亩，蓄积20555.8立方米。主要树种为柞木、樟子松和落叶松等。

宾县林业局为了让职工首先享受到改革的成果，把国有林全部流转给了林场内部职工和职工家庭人口，借鉴农村家庭联产承包责任制经验，基本上按职工每人15亩和家庭总人口每人5亩的标准，采取自由组合联合经营组模式进行分配林地。即以户和小班面积为单位进行资源组合，形成联合经营租。同时签订自由组合联合经营组协议、推选联合经营组负责人协议，由组长组织经营组成员同林场联系相关事宜。对组合不成联合经营组的职工，由林场班子成员共同组合，使每个职工都有机会参与改革。按照《黑龙江省森林、林木、林地流转试点管理办法》，职工参与流转时，流转价格优惠15%，总成交金额为294.9万元。由于资源资产评估时70年流转期限的国有林，该林场职工买不起，因此流转期限定为了50年，这也是黑龙江省地方各市县国有森林、林木和林地流转唯一的一个流转期限为50年的林场。

(6)鹤岗市区

鹤岗市区是黑龙江省国有林进行流转的最后一个试点单位。鹤岗市林业经营总面积110857公顷，森林总蓄积751.8万立方米。鹤岗市直属林业局开始按照要求选择流转地块，制定流转方案，报黑龙江省林业厅批准，经黑龙江省林业勘察设计院实物量调查与核查，北京中林资产评估有限公司评估，省林业厅组织专家组对评估结果进行核准，鹤岗市首批确定进行国有森林、林木和林地流转的是红旗林场。红旗林场经营总面积263445亩，森林总蓄积398130立方米，有林地面积209130亩。流转林地面积为11279.2亩，蓄积量为51265.05立方米，占所在林场总经营面积的4%，占林场总蓄积量的5.2%。主要树种为红松、落叶松、柞树樟子松和白桦等。确定评估底价为1406.63万元，拍卖成交金额为1409万元，流转期限为70年。竞买方为鹤岗市一从事煤炭行业生产的私营企业——“鹤岗市检顺实业有限公司”，流转后拟建成旅游观光区和狩猎场。

4.3 国有林权改革前后生态效果对比分析

自2007年黑龙江省启动国有森林、林木和林地流转试点以来，已实施三年有余，从实地调研来看，国有林权制度改革为创新林业发展机制，解决“三林”问题找到了突破口和有效途径，已经取得了阶段性的成效。当然其改革所释放出来的综合效应远远超出了改革本身。

本节运用实地调查的相关数据，以描述性统计分析为主，从生态效果角度对国有林权制度改革的效果进行分析，国有林权改革一方面促进了森林资源增长；另一方面国有林权改革使森林资源管护问题得到解决。

4.3.1 森林资源增长变化

国有林权改革试点后，林木所有权由国家转变为承包户个人所有，从法律上给予了确权发证，承包户享有充分的经营自主权，他们作为林业生产经营主体地位也得到了实现，有效调动了承包户造林育林的积极性。大大地推进了森林资源培育事业的发展，加快了各试点县市的森林资源增长进程。调查显示：承包后的林地上的林木蓄积和株数非正常消耗率比承包前大幅度降低，仅相当于试点前的1/65和1/119。

表4－3 林权制度改革前后黑龙江省试点县市森林资源变化

地区	林改前蓄积2007年（公顷）	林改后蓄积2009年（公顷）	蓄积增减量（公顷）	比例(%)
汤原县正阳林场	13699.02	15596.18	1897.16	6.7
宁安市江东林场	12046	12323	277	2.29
宁安市三林林场	12844	13114	270	2.1
宁安市三灵林场	13914	14276	362	2.6
宁安市石岩林场	265	273	8	3.02
爱辉区滨南林场	1362912.61	1477813.9	114901.29	4.13
爱辉区桦皮窑林场	53635.7	58112.8	4477.12	4.09
勃利县长兴林场	51188.98	57299.1	6110.1	5.8
勃利县罗泉林场	48498.63	54595.9	6097.3	6.1
宾县太平山林场	20555.8	21172.5	616.7	3.0
鹤岗市红旗林场	51265.1	54587.98	3322.88	3.19
合计	1640825	1779164	138339.6	4.1

数据来源：实地调查整理所得

各试点县市的国有林场在2007—2009 年国有林权制度改革期间，森林资源蓄积共增加 138339.6 公顷，从表4－3 可知，汤原县正阳林场、宁安市江东林场、三林林场、三灵林场、石岩林场、爱辉区滨南林场、桦皮窑林场、勃利县长兴林场、罗泉林场、宾县太平山林场、鹤岗市红旗林场流转的森林资源蓄积量不同程度的有所增加。蓄积量增加最大的是汤原县正阳林场，每年增加比例为 6.7%，其次是勃利县罗泉林场，增长比例为6.1%。平均蓄积增加比例为4.1%。但森林资源面积变化不明显，各试点单位只有勃利县长兴林场和罗泉林场流转后，购买方于 2009 年新造林 400 亩，树种为落叶松。

4.3.2 森林资源管护变化

森林资源管护是指林改试点区内林分的经营管理、资源保护、森林病虫害防治、森林防火等情况。黑龙江省实施国有林权制度改革后，森林资源由原来的国家所有变为承包户个人所有，林地的使用权、林木的所有权和使用权转移到了承包户个人手中，产权虚置问题得以解决。承包户对国有林资源保护意识发生了显著变化，积极性得以提高，国有森林保护由过去“国有林场组织”向“承包户自组织”模式转变，森林资源火灾、病虫害、乱砍盗伐等防控由过去“要我防”转变到“我要防”，防控效果大不一样，[83]使森林资源的安全系数大大提升。

(1)各试点国有林场林改前后火灾情况

各流转试点国有林场林改前后森林资源火灾情况见表4－4。2007 年，宁安市江东林场、勃利县长兴林场、罗泉林场、宾县太平山林场均有小范围的火情火险。其中宁安市江东林场和宾县太平山林场为 1 次，涉及受灾森林面积分别为 12 亩和 56 亩；勃利县长兴林场火灾次数为 3 次，涉及受灾面积 17 亩，罗泉林场遭受火灾次数 2 次，涉及受灾面积 13 亩。2009 年，国有林权制度改革后，11 个流转试点均没有发生火情火险情况。

表 4－4 林权制度改革前后黑龙江省试点国有林场森林火灾情况统计

地区	林改前(2007 年)		林改后(2009 年)	
	森林火灾次数(次)	受灾森林面积(亩)	森林火灾次数(次)	受灾森林面积(亩)
汤原县正阳林场	0	0	0	0
宁安市江东林场	1	12	0	0

（续）

地区	林改前(2007年)		林改后(2009年)	
	森林火灾次数(次)	受灾森林面积(亩)	森林火灾次数(次)	受灾森林面积(亩)
宁安市三林林场	0	0	0	0
宁安市三灵林场	0	0	0	0
宁安市石岩林场	0	0	0	0
爱辉区滨南林场	0	0	0	0
爱辉区桦皮窑林场	0	0	0	0
勃利县长兴林场	3	17	0	0
勃利县罗泉林场	2	13	0	0
宾县太平山林场	1	56	0	0
鹤岗市红旗林场	0	0	0	0
合计	7	98	0	0

数据来源：实地调查整理所得

(2)各试点国有林场林改前后森林资源病虫害发生情况

各流转试点国有林场林改前后森林资源病虫害情况见表4－5。2007年国有林权改革前，除宁安市三灵林场无森林病虫害发生外，其余各国有林场均有不同程度的病虫害发生。

表4－5　林权制度改革前后黑龙江省试点国有林场森林病虫害情况统计表

地区	林改前(2007年)		林改后(2009年)	
	病虫害发生次数(次)	涉及面积(亩)	病虫害发生次数(次)	涉及面积(亩)
汤原县正阳林场	3	196	3	13
宁安市江东林场	2	40	1	30
宁安市三林林场	3	91.6	3	95
宁安市三灵林场	0	0	0	0
宁安市石岩林场	1	4	1	30
爱辉区滨南林场	1	20	1	19
爱辉区桦皮窑林场	1	28	1	17
勃利县长兴林场	1	34	0	0
勃利县罗泉林场	1	41	0	0
宾县太平山林场	1	95	0	0
鹤岗市红旗林场	1	3384	0	0
合计	15	3933.6	10	204

数据来源：实地调查整理所得

其中，最为严重的是鹤岗市红旗林场发生了一次大规模的舞毒蛾虫灾，是鹤岗东部地区突发性的病虫害。舞毒蛾是病原菌引起的，大约 10 年一周期，这次舞毒蛾病虫害与气候环境有关，2007 年鹤岗市天气持续干旱，降水少，是发生舞毒蛾病虫害的直接原因。涉及面积 3384 亩，属轻中度灾害。2009 年鹤岗市红旗林场没有发生病虫害。

2007 年汤原县正阳林场发生病虫害 3 次，虫害有松毛虫和舞毒蛾，病害是红斑病，涉及面积 196 亩，2009 年病虫害发生次数不变，虫害除松毛虫外还有鞘蛾，病害除红斑病外还有早落病，涉及面积较小为 13 亩。

2007 年宁安市江东林场发生了 2 次病虫害，分别是落叶松鞘蛾和落叶松毛虫，涉及面积 40 亩，2009 年发生了一次松沐蝉，涉及面积 30 亩。三林林场 2007 年发生了 3 次病虫害，分别是松针红斑病、落叶松毛虫和落叶松鞘蛾，2009 年也发生了 3 次，分别是栋毒蛾、松沐蝉和落叶松叶峰。石岩林场 2007 年发生了一次松针红斑病，涉及面积很小，只有 4 亩。2009 年发生了一次松沐蝉，涉及面积 30 亩。

2007 年爱辉区滨南林场和桦皮窑林场的病虫害是舞毒蛾和天幕毛虫，面积较小分别为 20 亩和 28 亩，2009 年滨南林场和桦皮窑林场的病虫害均为 1 次，面积较 2007 年小，分别为 19 亩和 17 亩。

2007 年勃利县长兴林场和罗泉林场发生的病虫害主要是落叶松毛虫，面积不大，分别为 34 亩和 41 亩，且各为一次。2009 年长兴林场和罗泉林场均没有病虫害发生。

(3)各试点国有林场林改前后森林资源乱砍盗伐情况

各流转试点国有林场林改前后森林资源乱砍盗伐情况见表 4－6。爱辉区滨南林场和桦皮窑林场及鹤岗市红旗林场林改前后均没有发生乱砍盗伐现象。在实地调查中了解到，鹤岗市红旗林场自 2000 年以后，林场入口设立了检查站，各路口设置了监控，进行时时监控，林场经警分片管护，林业局成立了林场稽查队，常年进行巡逻稽查。因此鹤岗市红旗林场自 2000 年以后，没有发生过一起乱砍盗伐事件。

汤原县正阳林场、宁安市江东林场、三林林场、三灵林场、石岩林场、勃利县长兴林场、罗泉林场、宾县太平山林场林改后均比林改前无论是从乱砍盗伐起数还是涉及面积、蓄积均有不同程度的减少。

表4-6 林权制度改革前后黑龙江省试点国有林场森林乱砍盗伐情况统计表

地区	林改前(2007年)			林改后(2009年)		
	乱砍盗伐（起）	面积（亩）	蓄积（立方米）	乱砍盗伐（起）	面积（亩）	蓄积（立方米）
汤原县正阳林场	3	30	5.4	1	10	1.5
宁安市江东林场	8	26	15	5	16.5	8.8
宁安市三林林场	5	14	9	3	10.9	5.4
宁安市三灵林场	6	20	11.2	4	13.7	6.2
宁安市石岩林场	5	15	8.5	4	14.1	7.6
爱辉区滨南林场	0	0	0	0	0	0
爱辉区桦皮窑林场	0	0	0	0	0	0
勃利县长兴林场	2	9	3.8	0	0	0
勃利县罗泉林场	3	12	5.6	0	0	0
宾县太平山林场	9	30	16.8	0	0	0
鹤岗市红旗林场	0	0	0	0	0	0
合计	41	156	75.3	17	65.2	29.5

数据来源：实地调查整理所得

4.4 国有林权改革前后经济效果对比分析

本节运用实地调查的相关数据，以描述性统计分析为主，从经济效果角度对黑龙江省国有林权制度改革的效果进行分析，国有林权改革一方面促进了全社会的资金向林业聚集，另一方面也促进了承包户对森林资源远期效益的预期。

4.4.1 林业投资变化

产权经济学认为，评价一个制度体系是否有效的标准在于评判这种制度约束下的经济实体生产行为是否得到激励。对于林业产权制度而言，对林地经营者的激励就表现在是否有效地促进了林业生产投入。[84]

国有林权制度改革调整优化了林业生产关系，激发和调动了林业职工和社会各界参与林业建设的积极性和创造性，开通了各种生产要素投向林业的渠道，极大地解放和发展了林业生产力。林业投资(资金、技术、劳动力等)是林业经济增长的原动力。国有林权制度改革将市场动力植入了国有林业领域，敞开了民间资本进入林业的渠道，也激发了社会投资林业的热情。较有效地解决了投入难、造林难的问题。

从表4－7中数据可以看出，黑龙江省地方林业建设资金增加迅速，从2006年的71034.2万元增加到2009年的312236万元，增加了3.4倍。2007—2009年林业建设资金均比2006年大幅度增加，2008年林业建设资金为165139万元，比2007年减少82600万元。从中央林业资金投入占林业建设资金的比重上看，中央林业资金投入一直是林业建设资金的主要构成部分，比例在80%左右，2007年中央林业资金投入占林业总建设资金的比例最高，为94.4%，2008年中央林业资金投入比例略低为75.4%。

表4－7　黑龙江省地方林业系统到位各类建设资金情况

年份	林业建设资金(万元)	中央林业资金投入(万元)	比例(%)
2006	71034.2	57410.6	80.8
2007	247739	233981	94.4
2008	165139	124464	75.4
2009	312236	257091	82.3

数据来源：2006—2009年《黑龙江省林业统计年鉴》

(1)林业投资总量变化

从林业固定资产投资角度看(表4－8)，2006年开始，国家在林业固定资产投资总量上逐年增加，2006年、2007年、2008年、2009年各流转试点县市林业固定资产投资总额分别为9386.6万元、11449万元、11791万元、18002万元。从国投比例上看，除2009年汤原县国家投资比例47.8%外，每年各试点市县国家投资比例均在50%以上。

林业投资总量从区域尺度上看，图4－1显示了2006—2009年各试点区林业投资总额情况，勃利县和宾县国家投资总量持续增加，宾县增加幅度最大，2006年宾县投资总额为528.4万元，2009年投资总额为7690万元，是2006年投资总额的14.6倍。黑河爱辉区、宁安市、汤原县投资总额总体增加，但有波动。爱辉区2008年投资总额最大，为4662万元，2009年有回落；宁安市投资总额曲线偏直，波动不

表4-8 林业固定资产投资总量和比例

地区	2006年		2007年		2008年		2009年	
	投资总额（万元）	国投比例（%）	投资总额（万元）	国投比例（%）	投资总额（万元）	国投比例（%）	投资总额（万元）	国投比例（%）
汤原县	125	100	1520	55.8	1056	99.8	1118	47.8
宁安市	1546	100	1298	100	1175	100	1816	100
爱辉区	2533.8	95.5	2451	98.5	4662	67.4	2856	100
勃利县	943.4	100	1169	100	2206	48.8	2619	69.6
宾县	528.4	100	1788	97.9	1718	83.5	7690	67.6
鹤岗市区	3710	92.3	3223	72.6	974	71.7	1903	64.8
合计	9386.6	—	11449	—	11791	—	18002	—

数据来源：2006—2009年《黑龙江省林业统计年鉴》

大，年平均投资总额1500万元左右。汤原县2007年投资总额最大，为1520万元，2008年投资总额为1056万元，出现拐点，2009年投资总额为1118万元，有回升趋势。鹤岗市区林业投资总额从2006—2008年呈现下降趋势，2008年出现拐点，2009年投资总额为1903万元，出现上升趋势。

柱形图4-2显示了各试点区国家投资占固定资产投资比例情况，林业投资国

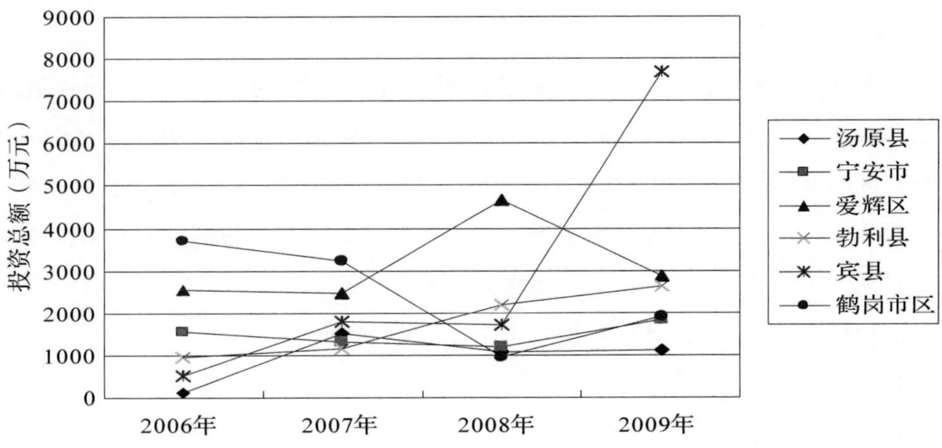

图4-1 2006—2009年各试点区投资总额情况

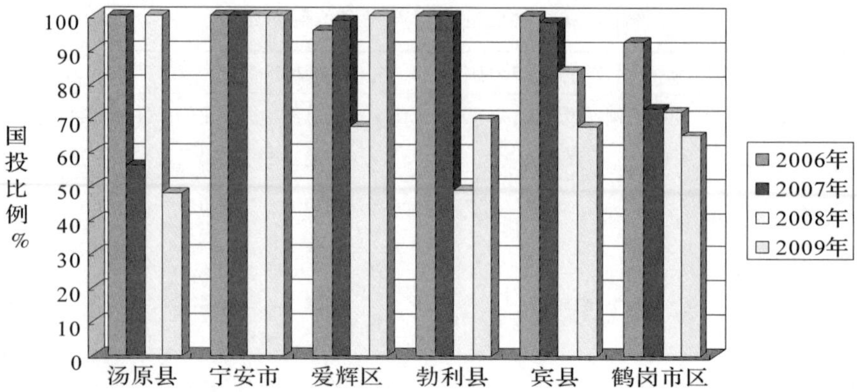

图4-2　2006—2009年各试点区国家投资占固定资产投资比例

家投资比例从整体上看成下降趋势，爱辉区除外。从不同地区尺度上看，2006—2009年宾县和鹤岗市区的林业国家投资占投资总额的比例逐年下降，趋势明显，宾县2006年、2007年、2008年、2009年国家投资比例分别为100%、97.9%、83.5%、67.6%。鹤岗市区2006年、2007年、2008年、2009年国家投资比例分别为92.3%、97.9%、83.5%、67.6%。宁安市2006—2009年林业国家投资比例均为100%，一直高居不下。爱辉区林业国家投资比例显示上升趋势，但幅度不大，2008年出现下降趋势。汤原县和勃利县林业国家投资比例总体呈下降趋势，汤原县2006年和2008年国家投资比例为100%和99.8%，2007年和2009年国家投资比例为55.8%和47.8%。

从时间尺度来看，各试点区林业国家投资占固定资产投资比例2006年最高，均为90%以上，汤原县、宁安市、勃利县、宾县国家投资比例为100%，爱辉区和鹤岗市区国家投资比例为95.5%和92.3%。2009年各试点区林业国家投资占固定资产投资比例最低，除宁安市和爱辉区外，其他各试点区国家投资比例在60%左右。可见国家投资占林业投资的主导地位，国家投资比例降低，说明国有林权改革后，造林投资主体呈现多元化，各种社会资本流向林业。

(2)林业投资结构变化

国有林投资来源于国家预算投资、国内贷款、利用外资、利用外资、自筹资金和其他资金五类，国有林改各试点区投资来源结构情况见表4-9。

从国有林投资来源比重看，总体上，国家预算比重占投资来源的主要份额，所占比重在40%~100%。国内贷款比重很小，爱辉区2008年国内贷款比重为38.1%，其余林改各试点区2006—2009年投资来源中均没有国内贷款。利用外资情况也较少，鹤岗市区2006年、2007年、2008年、2009年利用外资比例分别为4.0%、8.8%、29.3%、15%，大致呈上升趋势，2009年有所下降。除鹤岗市区外，其余各试点区在2006—2009年林改前后没有利用外资情况。汤原县和宁安市在2006—2009年国有林投资来源中没有自筹资金情况。宾县和勃利县在此期间国有林投资来源中自筹资金比重呈上升趋势，比例增加。爱辉区和鹤岗市区2006年和2007年国有林投资来源中自筹资金比重下降，2008年和2009年国有林投资来源中没有自筹资金。其他资金比重在国有林改各试点区所占比例不大。表4-9体现了非国家预算投资比重呈现增长趋势，说明国有林权制度改革促进了林业生产资金投入的增加，激发了社会资本投资林业的热情。

从国有林权改革各试点地区看，宁安市、汤原县国有林投资来源中国家预算投资比重最大，其次是爱辉区和勃利县，宾县和鹤岗市区国有林投资来源中国家预算投资比重较小。

表4-9 国有林权改革试点投资来源结构

投资来源结构		汤原县	宁安市	爱辉区	勃利县	宾县	鹤岗市区
国家预算投资比重(%)	2006	100	100	95.5	95.0	59.1	48.1
	2007	55.8	100	98.8	100	97.2	63.1
	2008	100	100	41.7	56.0	83.5	70.7
	2009	100	100	70.9	69.9	67.6	64.8
国内贷款比重(%)	2006	0	0	0	0	0	0
	2007	0	0	0	0	0	0
	2008	0	0	38.1	0	0	0
	2009	0	0	0	0	0	0
利用外资比重(%)	2006	0	0	0	0	0	4.0
	2007	0	0	0	0	0	8.8
	2008	0	0	0	0	0	29.3
	2009	0	0	0	0	0	15.0

（续）

投资来源结构		汤原县	宁安市	爱辉区	勃利县	宾县	鹤岗市区
自筹资金比重(%)	2006	0	0	4.5	2.7	0	47.9
	2007	0	0	1.2	0	2.0	27.4
	2008	0	0	0	0	16.5	0
	2009	0	0	0	16.9	19.4	0
其他资金比重(%)	2006	0	0	0	2.3	40.9	0
	2007	44.2	0	0	0	0.8	0.7
	2008	0	0	20.2	44.0	0	0
	2009	0	0	29.1	13.1	13.0	20.2

数据来源：据2006—2009年《黑龙江省林业统计年鉴》计算所得

从时间尺度看，2006—2009年大体呈现国家预算投资比重减少，国内贷款比重、利用外资比重、自筹资金比重和其他资金比重呈增长趋势。尤其是其他资金(社会来源资金)比重上涨较明显，这说明，国有林权改革后，社会投资林业的积极性提高了。

4.4.2 林业职工收入变化

自2007年黑龙江省实施国有森林、林木和林地流转以来，各试点林场可以大致分为两类，一是有林业职工参与流转的林场，二是没有林业职工参与流转的林场。

汤原县正阳林场、宁安市江东林场、三林林场、兴隆林场、三灵林场、石岩林场、爱辉区桦皮窑林场、宾县太平山林场是有林业职工参与流转的林场，其林业职工收入近期没有太大变化，参与流转的职工还会付出很大成本，这里的成本包括购买林木的所有权和经营权以及林地经营权所付出的成本，还包括进行抚育、经营性生产所付出的成本。据对承包职工调查显示：林权制度改革后，部分承包职工进行了林下经营，养森林鸡、养林蛙，种药材，还有的灌木下种风景树、城市绿化树等。由于试点的时间短，还未见收益。

但远期效益正在持续增长，通过林权制度改革，职工购买到了森林资源，相当于开办了一座“家庭绿色银行”。随着社会经济的发展，木材资源需求越来越大，木材供给又存在着一定的刚性，供需矛盾逐渐加大，按照经济学供需理论，木材价格持续走高。承包职工手里的林木资源也随着持续升值，按照目前的市场价值，平均林木价格比林改购买时每亩高出了1.3倍。

对于试点林场林权改革中，没有职工参与的林场，像爱辉区滨南林场、勃利县长兴林场和罗泉林场、鹤岗红旗林场，其国有林流转到了社会企业手中，这四个林场的职工没有享受到林权改革带来的收益，因此职工收入没有因为林改而变化，只是拖欠多年的职工工资补发了，流转收入由林业局统筹安排，林业局主要将流转收入用于偿还债务，偿还拖欠职工的养老保险和医疗保险。由于流转试点面积小，流转收入不足以偿还林业局的所有历史欠账。但从一定程度上缓解了林业局和林场的压力。

4.5 国有林权改革前后社会效果对比分析

本节运用实地调查的相关数据，以描述性统计分析为主，从社会效果角度对黑龙江省国有林权制度改革的效果进行分析，国有林权改革一方面解决了部分劳动力就业问题；另一方面维护了国有林场的稳定，提高了社会和谐程度；再者，加快了政府职能转变。

4.5.1 劳动力就业情况变化

黑龙江省国有林权制度改革为国有林场剩余劳动力提供了可能的就业途径。一方面对于那些在试点中有职工参与的林场，出现了“一人承包，全家就业”现象，每公顷林地年平均投入劳动力由试点前的0.075个增加到现在的0.5个，是试点前的6.7倍；另一方面部分社会个人和企业承包国有林后，尤其是勃利县的七台河市泉兴林业开发有限公司、爱辉区的广和盛兴林木有限公司、鹤岗市检顺实业有限公司雇佣当地的下岗林业职工为其经营管理林木和林地，这也为国有林场林业职工提供了就业机会，实地调研得知，共使用剩余劳动力423人。截止2010年底黑龙江省国有林权改革后新增林业劳动力1572人。

4.5.2 国有林场和谐程度变化

国有林权属纠纷、林政案件一直以来都是影响国有林场社会稳定的重要因素，也是衡量国有林场和谐程度的重要指标。黑龙江省国有林权制度改革政策试点实施中，国有林存在林权权属纠纷的一律不准予参与流转。因此，运用林政案件发生情况对国有林场的和谐程度进行分析。

林政案件即林业行政处罚案件是指对公民、法人和其他组织违反森林法和其他

表 4－10　林改前后受理林政案件比较

地区	年份	受理林政案件(件)	增减(%)
宾县	林改前(2007 年)	10	
太平山林场	林改后(2009 年)	0	－100
鹤岗市	林改前(2007 年)	0	
红旗林场	林改后(2009 年)	0	0
宁安市	林改前(2007 年)	9	
江东林场	林改后(2009 年)	5	－44.4
宁安市	林改前(2007 年)	5	
三林林场	林改后(2009 年)	4	－20
宁安市	林改前(2007 年)	5	
兴隆林场	林改后(2009 年)	0	－100
宁安市	林改前(2007 年)	7	
三灵林场	林改后(2009 年)	6	－14.3
宁安市	林改前(2007 年)	6	
石岩林场	林改后(2009 年)	4	－33.3
勃利县	林改前(2007 年)	4	
长兴林场	林改后(2009 年)	0	－100
勃利县	林改前(2007 年)	4	
罗泉林场	林改后(2009 年)	0	－100
汤原县正阳林场	林改前(2007 年)	4	
	林改后(2009 年)	1	－75
爱辉区滨南林场	林改前(2007 年)	0	
	林改后(2009 年)	0	0
爱辉区桦皮窑林场	林改前(2007 年)	0	
	林改后(2009 年)	0	0

注：表中资料来源于实地调研

林业法律法规尚不构成犯罪的行为，这些行为包括违法征占用林地、滥伐和盗伐林木、违法运输和非法收购经营加工木材等，依法由林业行政机关通过实施行政处罚，追究违法当事人行政责任的事件。

从表4－10可以看出，2007年各林改试点林场平均受理林政案件数为4.5件，2009年林改后各试点林场平均受理林政案件数为1.67件，减少62.8%。鹤岗市红旗林场、爱辉区滨南林场、爱辉区桦皮窑林场林改前(2007年)后(2009年)均没有发生林政案件，除以上三个林场外，其余各试点林场林改前后受理林政案件数均有不同程度减少，其中宾县太平山林场、宁安市兴隆林场、勃利县长兴林场、勃利县罗泉林场2009年受理林政案件数为0，减幅度为100%。

4.5.3 政府职能转变

(1)理顺了林业管理体制，转变了政府职能。黑龙江省通过国有林权制度改革，地方各级政府及其相关职能部门的执政理念和服务方式发生了深刻变化，职责进一步清晰，履行职责的方法进一步优化，执法、管理、服务三大职能进一步加强。林业管理体制得到了理顺，各级林业部门开始把工作重点和履职方式转到加强管理和提供服务上来，管理职能实现了从审批收费到执法、服务的转变。[85]

(2)创建社会化服务体系，推进林业部门职能转变。黑龙江省国有林权制度改革后，一系列新的合作经济组织、社会化服务等组织将逐渐建立起来，将担负起过去由各级政府和林业部门管不了、不好管的事，为政府部门转变职能创造了条件。林业部门从繁重的育林护林事务中解脱出来，把工作重心转移到宏观指导、行政执法、公共服务上来，转移到如何更好地为国有林经营者服务上来。[70]

4.6 小结

2007年黑龙江省林业厅颁布《黑龙江省森林、林木、林地流转试点管理办法》进行试点，历时3年多。本章首先对黑龙江省实施国有林权改革的具体实施方案进行阐述，根据深入国有林权改革的6个市县、11个国有林场进行的实地调查，对国有林权改革的总体情况及各流转试点具体情况进行论述。依据实地调查数据，运用描述性统计分析方法，从生态效果、经济效果和社会效果3个维度对黑龙江省国有林权改革效果进行对比分析。

研究表明，从生态效果角度，国有林权改革促进了森林资源增长，使森林资源管护问题得到解决；从经济效果角度，国有林权改革促进了全社会的资金向林业聚集，也促进了承包户对森林资源远期效益的预期，但林业职工的收入基本没有变化，只是林改收益偿还了部分历史欠账，一定程度上缓解了林业局和国有林场的压力；从社会效果角度，国有林权改革解决了部分劳动力就业问题，维护了国有林场的稳定、提高了社会和谐程度，促进了政府职能转变。

Chapter five

第5章 黑龙江省国有林权改革综合效率评价

在上一章中，运用描述性统计分析的方法从黑龙江省国有林权改革前后生态效果、经济效果和社会效果三个维度方面的变化情况对此次林权制度改革效果进行了对比分析。描述性统计分析的方法虽然直观，但结果较为粗略。

本章将对黑龙江国有林权制度改革效率进行定量综合评价，根据现有的研究进展，结合黑龙江国有林权制度改革的特点和我们调研的实际情况，运用数据包络分析法(DEA)对黑龙江省国有林权改革进行综合效率评价，便于找出准确、客观的制约因素，为进一步提出国有林权改革配套政策提供量化决策依据。

5.1 前提假设

黑龙江省国有林产权改革是基于以下3个方面的假设为前提的，一是森林资源的“稀缺性”假设；二是国有林承包户的“经济理性”假设；三是国有林承包户“机会成本”假设。

5.1.1 森林资源“稀缺性”假设

经济学理论的研究基础——稀缺性，是一切经济问题研究的前提。按照经济学定义，稀缺是指这样一种状态：相对于人类欲望即人类不断增长的物质文化需求而言，用于满足这一需求的资源总是不足的。[86]稀缺状态包括绝对稀缺状态和相对稀缺状态。绝对稀缺状态是指各种资源总量有限而且逐渐减少；相对稀缺状态是指单个市场主体可用于交换的资源的有限性。正是由于存在资源稀缺性，人们不得不面对效率这一问题——如何有效地利用资源来缓解稀缺性的限制。[87]对于黑龙江省国有林经营者而言，森林资源稀缺性尤为突出。森林资源的稀缺性体现在两个方面，一方面是对木材需求，另一方面是对生态需求。

随着社会经济的发展和城市的建设，黑龙江森林资源稀缺性呈现出越来越严重的态势。一方面，随着经济社会快速发展，木材和林产品需求一直保持着刚性增长。而且在今后相当长一段时期内，木材和林产品仍是供需缺口最大的商品。另一方面，为了保障国家生态安全，作为传统木材生产基地的国有林场，森林资源产量在逐年调减。木材的需求和生态的需求都加大了森林资源的稀缺性。与此同时，由于森林资源的特殊性，受自然条件影响很大，病虫害、火灾、旱灾等自然灾害也使黑龙江森林资源不断减少，从而进一步加剧了森林资源的稀缺性。

5.1.2 承包户"经济理性"假设

承包户"经济理性"源于亚当·斯密的《国富论》，堪称经济学中人性的最基本假设。该假设认为，人的行为动机根源于经济诱因，人都要争取最大的经济利益，工作就是为了取得经济报酬。对于经济理性不同的学者给出了不同的解释，我国的林毅夫(1998)认为：经济理性是指根据已经选定的目标，针对达成目标可供选择方案根据成本—收益或趋利避害的原则作出决策，从而选择能使效用最大化的方案。英国的著名经济学家约翰·斯图亚特·穆勒最先明确的给"经济人"做出定义，他认为所谓"经济人"就是会计算，有创造性，能够寻求自身利益最大化的人。[88]对于经济理性的假设的解释是：人们总是依靠主观上的价值判断，来寻求行为或物品的效用的最大化。而承包户的"经济理性"源自于亚当·斯密的《国富论》，亚当·斯密的经济理性假设堪称经济学中人性的最基本假设。该假设认为：人的行为动机根源是经济诱因，人都要争取最大的经济利益，工作就是为了取得经济报酬。从经济学特征来讲，国有林承包户作为林业生产体系的最基本经营单位与其他组织基本没有差异，其发展最重要的目标是追求经济利润和效用的最大化；其投资、用工及林地资源的配置也是以效用最大化为指导的。[89]在资源配置上，国有林承包户服从效率优化导向原则，即存在舒尔茨假说，[90]其行为经济理性的这一基本前提同样适用于我国社会主义市场经济。[91]

5.1.3 承包户"机会成本"假设

机会成本是指在一种资源有限的情况下，该资源用于本项目而放弃用于其他机会时，所可能付出的代价或损失的潜在利益。即为选择当前方案所付出的代价。这种代价或潜在利益是从事其他项目可能获得的最高利润的估价。机会成本是以稀缺性假设作为假设基础的。因为森林资源是稀缺的，所以人们必须不断地决定如何利用这有限的资源，这种资源不单指林地、林木资源，也包括时间资源、信息资源等。机会成本反映了稀缺和选择两者之间的基本关系。有限的资源通常有很多种的用途，也就是说有很多种使用的机会，但是将其用在某一方面，就不能同时用在另一方面。因此，在确定资源用途的决策中，为了对所选择方案的经济效益做出最全面正确的评价，就必须把已经放弃的方案可能获得的潜在收益，作为被选择方案的机会成本。[87]我国国有林场职工就业机会空间随着我国市场经济的发展而不断扩大，其从事林业劳动的机会成本也开始不断地增加，且越来越高。因此，在我国经济转型时期的新经济背景下，国有林改革效率评价应该充分考虑承包户的机会成本，从而，使承包户能够获取最大效用。因此，在我国经济转型时期的新经济背景下，国有林改革效率评价应该充分考虑承包户的机会成本。

5.2 构建国有林权改革效率评价模型

本节首先介绍DEA方法的基本原理和特点，通过对DEA方法的不同评价模型的阐释，结合黑龙江省国有林权制度改革的特点，选择适合评价此效率的DEA模型——规模报酬可变的BCC模型。

5.2.1 DEA方法的基本原理及特点

5.2.1.1 DEA方法的基本原理

数据包络分析方法(Data Envelopment Analysis，DEA)是通过保持决策单元(DMU)的输入或者输出不变，借助于数学规划和统计数据确定相对有效地生产前沿面，将各个决策单元投影到DEA的生产前沿面上，并通过比较决策单元偏离DEA前沿面的程度来评价他们的相对有效性。

DEA方法以相对效率概念为基础，以凸分析和线性规划为工具、对同类型的部门或单位进行相对有效性或效益评价的一种非参数统计方法。应用数学规划模型计算比较决策单元之间的相对效率，对评价对象做出评价，能充分考虑对于决策单元本身最优的投入产出方案，因而能够更理想地反映评价对象自身的信息和特点，同时对于评价复杂系统的多投入多产出分析具有独到之处。

5.2.1.2 DEA方法的特点

DEA方法作为当前比较有效的效率诊断工具，与其他评价方法相比，DEA方法具有以下优点：

(1)以往的效率评估方法仅能处理单项产出的效率，DEA方法适用于多输入、多输出的有效性综合评价问题，而且无须构建生产函数对参数进行估计。

(2)DEA 方法并不直接对数据进行综合，因此决策单元的最优效率指标和投入指标值及产出指标值的量纲选取无关，应用 DEA 方法建立模型无需对数据进行无量纲化处理。

(3)DEA 方法无需任何权重假设，而以决策单元输入输出的实际数据求得最优权重，排除了很多主观因素，具有很强的客观性。

(4)DEA 方法假定每个输入都关联到一个或者多个输出，且输入输出之间确实存在某种联系，但不必确定这种关系的显示表达式。

综合而言，运用 DEA 方法可以对黑龙江省国有林权制度改革效果进行客观的评价，而且能够对国有林权改革非效率的地区指出改进效率的方向和空间，因此，对黑龙江省国有林权改革效果的评价更具有针对性和实用性。

5.2.2 DEA 方法的评价模型

自 1978 年美国著名运筹学家 Charnes、Cooper 和 Rhodes 应用对偶理论，提出衡量多投入多产出效率的方法，即固定规模报酬下的 CCR 模型以来，DEA 理论中已有百余种模型。基于本书研究的对象为国有林权制度改革的效果，所以这里将 DEA 模型分为规模报酬不变和规模报酬可变两种模型。

(1)CCR 模型——固定规模报酬

CCR 模型以固定规模报酬为假设前提，是数据包络分析方法的第一个基本模型。

原始 CCR 模型的分式规划形式：假设有 n 个决策单元 DMU，这 n 个决策单元具有可比性的，每个决策单元都有 m 种投入和 s 种产出。

$$Maxh_{j0} = \frac{\sum_{r=1}^{s} U_r Y_{rj0}}{\sum_{i=1}^{m} V_i X_{ij0}} \tag{5-1}$$

$$s.t.\ \frac{\sum_{r=1}^{s} U_r Y_{rj}}{\sum_{i=1}^{m} V_i X_{ij}} \leqslant 1$$

$$U_r \geqslant \varepsilon > 0,\ V_i \geqslant \varepsilon > 0$$

$$r = 1, 2, \cdots, s;\ i = 1, 2, \cdots, m;\ j = 1, 2, \cdots, n$$

这里，Y_{rj}和X_{ij}分别为DMU j的第r项产出和第i项投入；U_r和V_i分别为产出项r和投入项i的权重；效率评价指数h_{j0}含义是：在权重U_r和V_i下，投入为X_{ij}，产出为Y_{rj}时决策单元j的投入产出比，即相对效率值。ε为非阿基米德无穷小量(小于任何正数且大于0的数)。

CCR模型的线性规划形式为：

$$
\begin{aligned}
& Maxh_{j0} = \sum_{r=1}^{s} U_r Y_{rj0} \qquad (5-2) \\
& s.t.\ \sum_{i=1}^{m} V_i X_{ij0} = 1 \\
& \sum_{r=1}^{s} U_r Y_{rj0} - \sum_{i=1}^{m} V_i X_{ij0} \leqslant 0 \\
& U_r \geqslant \varepsilon > 0,\ V_i \geqslant \varepsilon > 0 \\
& r=1,\ 2,\ \cdots,\ s;\ i=1,\ 2,\ \cdots,\ m;\ j=1,\ 2,\ \cdots,\ n
\end{aligned}
$$

为计算方便，通过对偶形式简化，模型将被转换为：

$$
\begin{aligned}
& \mathrm{Min}h_{j0} = \theta_0 \\
& \mathrm{s.t.}\ \sum_{j=1}^{n} \lambda_j X_{ij} \leqslant \theta_0 X_{ij0} \\
& \sum_{r=1}^{n} \lambda_j Y_{rj} \geqslant Y_{rj0} \\
& \lambda_j \geqslant 0 \\
& r=1,\ 2,\ \cdots,\ s;\ i=1,\ 2,\ \cdots,\ m;\ j=1,\ 2,\ \cdots,\ n
\end{aligned}
$$

$\lambda_j \neq 0$对应的所有j概括为被评价的所有决策单元DMU参数集合，通过$\sum_{j=1}^{n} \lambda_j$能够判断各DMU的规模报酬阶段：

当$\sum_{j=1}^{n} \lambda_j < 1$时，表示DMU处于规模报酬递增阶段；

当$\sum_{j=1}^{n} \lambda_j = 1$时，表示DMU处于规模报酬不变阶段；

当$\sum_{j=1}^{n} \lambda_j > 1$时，表示DMU处于规模报酬递减阶段。

(2)BCC 模型——规模报酬可变

上述的 CCR 模型以规模报酬不变为假设前提的，但这种假设往往与实际情况不符。判断一个决策单元 DMU 无效率时，可能并非技术无效率，可能由配置效率引起的，还可能是规模不合理造成的。在规模报酬固定的 CCR 模型基础上，将规模报酬固定变为规模报酬可变(VRS)即 BBC 模型。BBC 模型是将技术效率分解为纯技术效率与规模效率，综合技术效率、纯技术效率及规模效率三者之间的关系可见图 5－1：

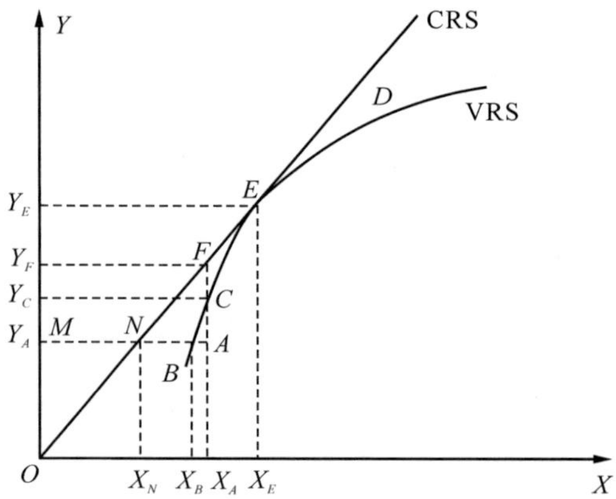

图 5－1　BCC 模型效率

图中点 O、N、F、E 为固定规模报酬生产可能集合，点 B、C、E、D 为变动规模报酬生产可能集合。

①综合技术效率

点 A、N 有相同的产出量 Y_A，但 A 点的投入量 X_A 大于生产可能集上 N 点的投入量 X_N，所以 A 点是无效率的，其综合技术效率为 $X_N/X_A = M_N/M_A$。

②纯技术效率

点 A、B 有相同的产出量 Y_A，但 A 点的投入量 X_A 大于生产可能集上 B 点的投入量 X_B，所以 A 点是无效率的，其技术效率为 $X_B/X_A = M_B/M_A$，该效率值为 BCC 模型的纯技术效率，即指在产出量 Y_A 下，位于生产可能性边界上的投入与实际投入的比值。

③规模效率

上述通过对 A 点技术效率和纯技术效率的测算，可以得到 A 点的规模效率，即

$(X_N/X_A)/(X_B/X_A)=(M_N/M_A)/(M_B/M_A)$，整理得到规模效率 $=X_N/X_B=M_N/M_B$，从图5-1可以看到，E点在规模报酬不变情况下具有技术效率；在规模报酬可变情况下既具有技术效率又具有规模效率。实际上决策单元的规模效率 = CCR 模型的综合技术效率/BCC 模型的纯技术效率。[92]

规模报酬可变的 BCC 模型为：

$$Maxh_{j0} = \frac{\sum_{r=1}^{s} U_r Y_{ij0}}{\sum_{i=1}^{m} V_i X_{ij} + V_{j0}} \tag{5-3}$$

$$s.t.\ \frac{\sum_{r=1}^{s} U_r Y_{ij0}}{\sum_{i=1}^{s} V_i X_{ij} + V_{j0}} \leqslant 1$$

$$U_r \geqslant \varepsilon > 0,\ V_i \geqslant \varepsilon > 0$$

$$r=1,\ 2,\ \cdots,\ s;\ i=1,\ 2,\ \cdots,\ m;\ j=1,\ 2,\ \cdots,\ n$$

BBC 模型的线性规划形式为：

$$Maxh_{j0} = \sum_{r=1}^{s} U_r Y_{rj0} - V_{j0} \tag{5-4}$$

$$s.t.\ \sum_{i=1}^{m} V_i X_{ij0} = 1$$

$$\sum_{r=1}^{s} U_r Y_{ij} - \sum_{i=1}^{m} V_i X_{ij} - V_{J0} \leqslant 0$$

$$V_i \geqslant 0,\ U_r \geqslant 0$$

$$r=1,\ 2,\ \cdots,\ s;\ i=1,\ 2,\ \cdots,\ m;\ j=1,\ 2,\ \cdots,\ n$$

V_{j0}代表规模报酬指标，通过$\overset{*}{V}_{j0}$能够判断出决策单元 DMU 的规模报酬阶段：

当$\overset{*}{V}_{j0}<0$时，该 DMU 处于规模报酬递增；

当$\overset{*}{V}_{j0}=0$时，该 DMU 处于规模报酬不变；

当$\overset{*}{V}_{j0}>0$时，该 DMU 处于规模报酬递减。

上面线性规模式的对偶形式为：

$$Minh_{j0} = \theta_0 \tag{5-5}$$

$$s.t.\ \sum_{i=1}^{m} \lambda_j X_{ij} \leqslant \theta_0 X_{ij0}$$

$$\sum_{j=1}^{n} \lambda_j X_{rj} \geqslant Y_{rj0}$$

$$\sum_{j=1}^{n} \lambda_j = 1$$

$$\lambda_j \geqslant 0$$

$$r=1,\ 2,\ \cdots,\ s;\ i=1,\ 2,\ \cdots,\ m;\ j=1,\ 2,\ \cdots,\ n$$

5.2.3 构建国有林权改革效率评价模型

根据上节关于DEA评价模型的介绍，目前DEA方法已在国内制造业、服务业、区域技术经济等评价中进行了许多成功的应用，不过，从目前已有研究成果看，运用DEA方法评价国有林权改革效率的文献还尚未见到。

5.2.3.1 确立评价模型

通过前面小节对于DEA方法中的分析CCR和BBC两个模型的介绍可知，CCR模型假设决策单元处于最优生产规模下，即规模报酬固定，BCC模型中解除了固定规模这一假设，衡量决策单元在可变规模下的效率。[93]面对当前我国市场经济的不断发展，中央和地方政府对国有林权改革的努力推进、各国有林场和林业职工的积极参与，这些都为黑龙江省国有林权制度改革创造了良好的条件。所以固定规模报酬的CCR模型不适合衡量国有林权制度改革的效率，而规模报酬可变的BCC模型比较符合实际情况。

5.2.3.2 构建效率评价模型

前面谈到的BCC模型适合对黑龙江省国有林权制度改革效果的评价，但上面关于BCC模型中的规模效率测度存在一个缺陷，即对于规模无效的国有林场来说，不能由该效率值直接看出被评价的国有林权改革中国有林场总体规模是处在规模报酬递增阶段还是处在规模报酬递减阶段，这就降低了对国有林场规模效率的分析力度。1996年Coelli提出可以通过另外求解一个规模报酬非增(NIRS)的DEA模型来判断被考察的决策单元规模处于哪个区域，将式(5－5)所表示的规模报酬可变模型

中的约束条件 $\sum_{j=1}^{n}\lambda_j = 1$ 改为 $\sum_{j=1}^{n}\lambda_j \leqslant 1$，即得到 BBC 模型的如下形式：

$$
\begin{aligned}
& Minh_{j0} = \theta_0 \qquad (5-6)\\
& s.t.\ \sum_{j=1}^{n}\lambda_j X_{ij} \leqslant \theta_0 X_{ij0}\\
& \sum_{j=1}^{n}\lambda_j X_{rj} \geqslant Y_{rj0}\\
& \sum_{j=1}^{n}\lambda_j \leqslant 1\\
& \lambda_j \geqslant 0\\
& r=1,\ 2,\ \cdots,\ s;\ i=1,\ 2,\ \cdots,\ m;\ j=1,\ 2,\ \cdots,\ n
\end{aligned}
$$

通过比较规模报酬不变(NIRS)条件下的技术效率 TE_{NIRS}与规模报酬可变 VRS 模型的技术效率 TE_{VRS}值可判断被评价的非效率国有林场处于规模报酬的哪个阶段。当 $TE_{NIRS} \neq TE_{VRS}$时，表明被评价的国有林场处于规模报酬上升阶段，其规模无效是因为规模过小产生的，可通过扩大规模来提高效率；当 $TE_{NIRS} = TE_{VRS}$时，表示被评价的国有林场处于规模报酬递减阶段，规模无效是因规模偏大导致的，需要通过缩小规模来提高效率。

5.3 建立国有林权改革效率评价指标体系

任何生产经营主体在从事经济活动时，为了达到预期目标，往往需要一套符合自身特点和要求的效率评价指标体系作为衡量其效果的标准。

5.3.1 建立指标体系的目的

作为一个“指标体系”，“体系”内的指标，应该是相互联系、互为补充的有机统一体。随着我国市场经济的发展，森林资源商品率和市场化水平不断提高，国有林场即承包户在客观上要求进行成本效益核算。因此根据黑龙江省国有林权改革研究的特点，指标体系既要反映国有林权改革效率方面，还要反映市场经济的本质内容。

要对黑龙江省国有林权制度改革效率进行客观评价，首先应建立一套客观的效率指标评价体系，只有这样才能在衡量国有林权制度改革效率时有的放矢，进而在全国范围内进行林权改革这一新背景下对国有林权改革试点有一个全面、客观的认识，把握国有林权改革的各国有林场特征，为国家制定更加富有针对性的激励政策提供理论与实践依据。

5.3.2 评价指标选取的原则

运用 DEA 方法对黑龙江省国有林权制度改革效果进行评价，其评价结果直接取决于输入、输出指标的选择。在具体应用中，输入、输出指标的选取带有一定的任意性与主观性，不同的评价指标系统会得到不同的评价结果，不正确的评价指标体系会使评价结果发生偏离，因此选择正确的投入和产出指标对确保研究的有效性和科学性至关重要。一般而言，选择投入产出指标可以从以下几个方面考虑：

(1)全面性原则：所选择的指标应能够从不同的角度全面地反映研究对象的各方面的特征，只有这样，才能全面评价研究对象。

(2)精简性原则：在考虑全面性的同时，要考虑评价指标的数量，大量输入、输出指标将导致有效 DMU 数目的增加，从而降低 DEA 方法的评价功能，因此，评价指标应在满足目的性前提下尽量精简，能抓住将决策单元区分开来的“强项”指标即可。[94]

(3)关联性原则：考虑输入指标与输出指标之间的联系，要选择逻辑相关而非数值相关的指标。当输入、输出指标之间的线性关系过强时，所有决策单元都是 DEA 有效的；而当指标间线性关系较弱时则不满足单调性要求。DEA 模型中要求产出对投入具有单调不减性，即投入增加，产出不能减少。[95]

(4)相对性原则：在用 DEA 进行评价时，应将相对小的指标作为输入指标，相对大的指标作为输出指标，这样可以使测出的 DMU 值更为可靠。[96]

(5)可操作性原则：指标选取过程用到的是历史数据，经济计量分析要求数据的完整性，因此在选择输入输出指标时，要考虑所选择指标的相关数据是否可以获得，以及数据获得的直接性。[97]

5.3.3 决策单元选取的标准

DEA 方法中样本(各决策单元)DMU 的选择也同样重要，关系着评价结果的真实可靠。因此，在选取样本(决策单元)DMU 时，样本在质和量两方面都需遵循一定的规则和标准：

第一，样本质上的要求，即必须保证 DMU 的同质特性。DMU 在相同的组织目标下，执行相同的工作任务。或所有受评估单位在相同市场条件下运作，投入产出要素是相同的。

第二，样本量上的要求。确定投入产出之间的关系需要有较多的 DMU，但是，选择过多的 DMU 进行分析处理时，同质性就会降低，结果可能导致过多有效率的单元出现，失去了效率比较的意义。因此，为使 DEA 评价结果具有合理的区分度，从技术和经验上，输入、输出指标数与 DEA 有效单元数之间的关系，应该满足：$n \geqslant 2(m+s)$，同时满足 $n \geqslant m \times s$，其中 n、m、s 分别表示样本数、输入指标和输出指标的数量。[98]

5.3.4 评价指标的选取与定义

根据前两节对建立黑龙江国有林权制度改革效率评价指标体系目的与原则的分析，以及选取的 DEA 效率评价方法，本研究建立如下指标体系(表 5－1)。指标体系中的具体投入指标的选取主要依据黑龙江省林业厅设计的国有林权改革各试点林场的经济状况调查表以及深入的实地调研。

根据建立的黑龙江省国有林权制度改革效率评价指标体系，本研究以活立木总蓄积、国有林场产值作为产出指标，以国有林场的资金投入、林地投入、劳动力投入和技术投入为投入指标，运用 DEA 方法对国有林权制度改革效率进行评估。

表 5－1　国有林权改革效率评价指标体系

效率评价	产出指标	投入指标	
国有林权改革综合技术效率	生态目标：活立木总蓄积	资金投入	森林保护投入、营林生产投入、职工工资、管理费和其他投入
纯技术效率		林地投入	有林地面积
	经济产出：国有林场产值	劳动力投入	在岗职工人数
规模效率		技术投入	技术人员所占比例(技术人员/在岗职工人数＊100%)

在产出指标中，这里分别采用国有林活立木总蓄积和国有林场产值作为产出项对国有林权改革的效率进行评价。从生态目标分析，国有林权改革不能降低森林生态效益，即生态效益不减，这是最低目标。因此这里用活立木总蓄积来反映国有林权改革的生态目标比较适合。从经济目标分析，这里，林业职工收入，在第四章论述中，其相对变化不显著，因此不作为产出指标。而国有林权改革使国有林场经济利益得到体现，因此用国有林场产值来反映国有林权改革的经济目标比较现实。

在投入指标中主要包括资金投入、林地投入、劳动力投入和技术投入，这几项指标涵盖了国有林生产经营的全部投入。

资金投入：指在国有林生产经营过程中发生的，可以计入其支出的投入，包括森林保护、营林生产、职工工资、管理费和其他等货币性投入。

林地投入：指国有林在生产过程中林地的区域范围。有林地面积这一指标反映了林地的投入量。

劳动力投入：指国有林场从事国有林生产经营的劳动力数量。这里采用国有林场在岗职工人数来体现劳动力投入量。

技术投入：指国有林生产经营过程中技术的投入量。采用技术人员所占比例即技术人员/在册职工×100%来体现技术投入量。

5.4 基于DEA方法的国有林权改革效率评价

利用DEA方法研究黑龙江省国有林权制度改革效率是基于实地调研数据的实证分析，计算出不同国有林场(参与林权改革的和未参与林权改革的)投入产出的相对有效性，从而揭示黑龙江省是否参与林权改革的国有林场的投入产出效率的差异，以便找出制约因素，为中央和地方政府国有林权改革配套政策提供依据。

5.4.1 调查设计及样本结构

本书选择的30个国有林场作为分析样本，均为黑龙江省国有林权改革试点各市县辖管的国有林场。其中包括参与试点的11个国有林场和未参与流转的19个国有林场。在选择非参与流转的国有林场时，采取的是随机抽样的统计分析方法。

表5-2给出了林改的11个DMU和非林改的19个DMU2009年的各投入产出指标值。

表5-2 不同国有林场的投入产出状况

各林场	投入指标				产出指标	
	有林地面积（公顷）	在岗职工人数(人)	技术人员所占比例(%)	资金投入（万元）	活立木总蓄积（立方米）	国有林场产值（万元）
太平山林场	10793	86	5.8	599	925340	553
红旗林场	14934	369	2.4	1126	1009130	1184
江东林场	14948	106	2.8	637.4	1308856	449.7
三林林场	3671	34	2.9	205.4	291610	216
三灵林场	812.5	11	18.2	77.8	117348	66.4
石岩林场	1426	10	10	64.4	63425	106.3
罗泉林场	2990	44	6.8	345	159202	190
长兴林场	2848	198	2.0	286	194569	181
正阳林场	4431	34	17.6	155	70294	147
滨南林场	84141	306	1.0	909	5228166	739
桦皮窑林场	126497	195	2.1	754	6662370	737
兴隆林场	2001	32	6.3	127.7	68438	78.4
三道林场	10088	343	2.3	1354	1028400	1034
鹤林林场	16686	345	2.6	1550	1345489	1122
营城子林场	5516	33	6.1	140	265403	178.2
小北湖林场	59715.7	305	2.0	1104.4	6398691	1008.9
东方红林场	7573	198	1.5	378	490810	113
吉兴河林场	8205	120	3.3	467	817257	241
福兴林场	7392	236	1.7	387	448158	152
团结林场	7584	34	17.6	82	573892	87
石场沟林场	6075	26	23.1	149.4	353265	154.1
腰营林场	11041	44	13.6	102	761331	110
大岭林场	111612	341	0.6	889	5528140	846
二站林场	86259	123	2.4	530	3165740	516
三站林场	22425	149	2.0	318	1148370	195
胜山林场	14978	174	1.7	341	1194770	211
七二七林场	209059.8	603	0.7	1247	12357710	1207
大平林场	77712	125	1.6	401	4825560	363
江防林场	54336	123	1.6	410	1970460	417
河南屯林场	67933	120	3.3	367	1004400	359

5.4.2 数据处理与说明

进行数据分析和处理的各变量来源于黑龙江省2009年各国有林场损益表等财务报表，以及进行实地调研所得。表5－3给出了黑龙江省国有林权改革试点DEA模型变量的平均值、标准差、最小值和最大值。

表5－3　2009年黑龙江省国有林权改革试点各变量的主要特征统计

统计值	活立木总蓄积(立方米) y1	国有林场产值(万元) y2	有林地面积(公顷) x1	在岗职工人数(人) x2	技术人员所占比例(%) x3	资金投入(万元) x4
平均值	1992553	432	35123	162.2	5.5	517
标准差	2795441	372.7	48779.1	141.2	6.2	417
最小值	63425	66	813	10	0.6	64
最大值	12357710	1207	209060	603	23.1	1550

使用软件DEAP2.1根据基于投入的BCC模型运算2009年30个国有林场林业生产经营的综合技术效率、纯技术效率和规模效率，结果如表5－4所示。

表5－4　2009年30个国有林场综合效率、纯技术效率和规模效率计算结果

国有林场	综合技术效率	纯技术效率	规模效率	规模报酬
太平山林场	1.000	1.000	1.000	不变
红旗林场	1.000	1.000	1.000	不变
江东林场	0.985	1.000	0.985	递增
三林林场	1.000	1.000	1.000	不变
三灵林场	1.000	1.000	1.000	不变
石岩林场	1.000	1.000	1.000	不变
罗泉林场	0.863	0.926	0.933	递增
长兴林场	0.749	1.000	0.749	递增
正阳林场	0.628	0.678	0.926	递减
滨南林场	0.932	1.000	0.932	递增
桦皮窑林场	1.000	1.000	1.000	不变
兴隆林场	0.525	1.000	0.525	递增
三道林场	0.932	1.000	0.932	递增

（续）

国有林场	综合技术效率	纯技术效率	规模效率	规模报酬
鹤林林场	0.570	0.959	0.595	递增
营城子林场	1.000	1.000	1.000	不变
小北湖林场	0.843	0.858	0.982	递减
东方红林场	0.995	1.000	0.995	递增
吉兴河林场	1.000	1.000	1.000	不变
福兴林场	1.000	1.000	1.000	不变
团结林场	0.629	0.981	0.641	递增
石场沟林场	0.744	1.000	0.744	递增
腰营林场	1.000	1.000	1.000	不变
大岭林场	1.000	1.000	1.000	不变
二站林场	0.994	1.000	0.994	递增
三站林场	0.913	0.927	0.985	递增
胜山林场	1.000	1.000	1.000	不变
七二七林场	1.000	1.000	1.000	不变
大平林场	1.000	1.000	1.000	不变
江防林场	1.000	1.000	1.000	不变
河南屯林场	0.606	1.000	0.606	递增

5.4.3 国有林权改革效率的评价

根据上节运用DEA方法计算出的2009年各国有林场的效率结果，本节就综合技术效率、纯技术效率和规模效率进行分别论述。

5.4.3.1 综合技术效率分析

综合技术效率即技术效率(Technical Efficiency)指在给定产出的情况下各同类决策单元使用最小投入获得该产出的能力，也就是现有资源的最优利用能力。若技术效率值等于1，代表该国有林场位于有效生产前沿面上，处于技术有效状态，表示该国有林场以有效率的方式生产经营。技术有效率是这样一种状态：当投入不再增加时，产出也就无法增加。若技术效率值小于1，代表该国有林场不在有效前沿面上，可以在保持产出水平不变的情况下，减少投入，可称之为技术无效率，存在着技术效率的损失。[99]各国有林场综合技术效率排名见表5-5。

表 5－5　各国有林场综合技术效率排名

国有林场	综合技术效率	排名	国有林场	综合技术效率	排名
太平山林场	1.000	1	小北湖林场	0.843	23
红旗林场	1.000	1	东方红林场	0.995	16
江东林场	0.985	18	吉兴河林场	1.000	1
三林林场	1.000	1	福兴林场	1.000	1
三灵林场	1.000	1	团结林场	0.629	26
石岩林场	1.000	1	石场沟林场	0.744	25
罗泉林场	0.863	22	腰营林场	1.000	1
长兴林场	0.749	24	大岭林场	1.000	1
正阳林场	0.628	27	二站林场	0.994	17
滨南林场	0.932	19	三站林场	0.913	21
桦皮窑林场	1.000	1	胜山林场	1.000	1
兴隆林场	0.525	30	七二七林场	1.000	1
三道林场	0.932	19	大平林场	1.000	1
鹤林林场	0.570	29	江防林场	1.000	1
营城子林场	1.000	1	河南屯林场	0.606	28

从上述表格可以看出，参与国有林权改革的太平山林场、红旗林场、三林林场、三灵林场、石岩林场、桦皮窑林场、非林改的营城子林场、吉兴河林场、福兴林场、腰营林场、大岭林场、胜山林场、七二七林场、太平林场、江防林场的综合技术效率均为1，说明以上15个国有林场生产经营效率高，为DEA有效。其中参与林权改革的国有林场有效率为55%，未参与林改的国有林场有效率为45%。

整体上看，可以肯定的是，参与林权改革的国有林场的效率高于非林改国有林场的效率，说明国有林权改革是有效的，使得国有林场的生产经营效率提高了。但参与林权改革的国有林场有效率是略高于未参与国有林权改革的国有林场，主要原因在于，黑龙江省国有林权改革试点从2007年开始，到目前为止，仅三年多时间，生产经营效率的体现不是很明显。

5.4.3.2　规模效率分析

根据本章第二节介绍，综合技术效率可以进一步分解为规模效率和纯技术效率。规模效率(Scale Efficiency)反映生产规模的有效程度，即规模效率反映了各决策单元是否在最合适的投资规模下进行经营。从经济学角度解释，规模效率就是衡量规模报酬不变的生产前沿与规模报酬变动的生产前沿之间的距离，衡量决策单元是否处于最适规模状态。这里，最适规模是指生产单元处于平均成本曲线最低点时的生产状态。[99]

当规模效率值等于1时，即规模报酬不变，表示该国有林场具有规模效率；若规模效率值小于1，则表示规模无效率。规模无效率可分为两种情况，一种是规模报酬递增，另一种是规模报酬递减。各国有林场规模效率及排名如表5-6。

表5-6　各国有林场规模效率排名

国有林场	规模效率	规模报酬	排名	国有林场	规模效率	规模报酬	排名
太平山林场	1.000	不变	1	小北湖林场	0.982	递减	20
红旗林场	1.000	不变	1	东方红林场	0.995	递增	16
江东林场	0.985	递增	19	吉兴河林场	1.000	不变	1
三林林场	1.000	不变	1	福兴林场	1.000	不变	1
三灵林场	1.000	不变	1	团结林场	0.641	递增	27
石岩林场	1.000	不变	1	石场沟林场	0.744	递增	26
罗泉林场	0.933	递增	21	腰营林场	1.000	不变	1
长兴林场	0.749	递增	25	大岭林场	1.000	不变	1
正阳林场	0.926	递减	24	二站林场	0.994	递增	17
滨南林场	0.932	递增	23	三站林场	0.985	递增	19
桦皮窑林场	1.000	不变	1	胜山林场	1.000	不变	1
兴隆林场	0.525	递增	30	七二七林场	1.000	不变	1
三道林场	0.932	递增	23	大平林场	1.000	不变	1
鹤林林场	0.595	递增	29	江防林场	1.000	不变	1
营城子林场	1.000	不变	1	河南屯林场	0.606	递增	28

从上述表格可以看到，太平山林场、红旗林场、三林林场、三灵林场、石岩林场、桦皮窑林场、营城子林场、吉兴河林场、福兴林场、腰营林场、大岭林场、胜山林场、七二七林场、太平林场、江防林场规模效率为1，即规模效率有效，规模报酬不变。其中参与国有林权改革的国有林场规模有效率为55%，略高于未参与国有林权改革的国有林场规模效率(有效率为47%)。江东林场、罗泉林场、长兴林

场、正阳林场、滨南林场、兴隆林场、三道林场、鹤林林场、东方红林场、小北湖林场、团结林场、石场沟林场、二战林场、三站林场、河南屯林场规模效率无效。其中，正阳林场和小北湖林场为规模报酬递减，说明虽然投入增加了，但产出并未增加相同的幅度，存在着规模不经济。其余规模效率无效的国有林场为规模报酬增加，可以通过增加投入，达到规模最适状态。

5.4.3.3 纯技术效率分析

纯技术效率(pure technical efficiency)是当前样本点生产与规模报酬变动的生产前沿之间的技术水平运用的差距。即除了规模经济性和投入要素配置过程中的可处置性以外的相对效率水平，反映的是由于价格机制、经营管理水平和技术水平不同所造成的非规模经济性和要素可处置性的效率差距。由于综合技术效率是由纯技术效率和规模效率组成的，即 TE = PTE × SE，因此纯技术效率值就是将剔除规模因素，在短期内不含规模因素情况下决策单元的效率。[99]

表 5-7 各国有林场纯技术效率排名

国有林场	纯技术效率	排名	国有林场	纯技术效率	排名
太平山林场	1.000	1	小北湖林场	0.858	29
红旗林场	1.000	1	东方红林场	1.000	1
江东林场	1.000	1	吉兴河林场	1.000	1
三林林场	1.000	1	福兴林场	1.000	1
三灵林场	1.000	1	团结林场	0.981	25
石岩林场	1.000	1	石场沟林场	1.000	1
罗泉林场	0.926	28	腰营林场	1.000	1
长兴林场	1.000	1	大岭林场	1.000	1
正阳林场	0.678	30	二站林场	1.000	1
滨南林场	1.000	1	三站林场	0.927	27
桦皮窑林场	1.000	1	胜山林场	1.000	1
兴隆林场	1.000	1	七二七林场	1.000	1
三道林场	1.000	1	大平林场	1.000	1
鹤林林场	0.959	26	江防林场	1.000	1
营城子林场	1.000	1	河南屯林场	1.000	1

就纯技术效率而言，30 个国有林场中有 24 个国有林场的技术效率为 1，即纯技术有效率。参与林权改革的国有林场技术有效率为 1 的有 9 个，未参与国有林权改革的国有林场技术有效率为 1 的有 15 个。可以计算出，参与林权改革的国有林场技术有效比例为 82%，高于未参与林权改革的国有林场技术有效比例 79%。罗泉林场、正阳林场、鹤林林场、小北湖林场、团结林场、三站林场为技术非有效林场，说明有部分投入要素未产生任何贡献而形成浪费，即在技术水平不变情况下，所投入的资源没有达到有效运用程度（表 5－7）。

5.5 国有林权改革效率评价结果分析

上节运用 DEA 方法通过对黑龙江省国有林权改革效率的评价分析，可以看出：

（1）黑龙江省 11 个改革试点的国有林场中，综合技术效率非有效即综合效率值小于 1 的国有林场有 5 个，非有效率为 45.5%；规模效率非有效即规模效率值小于 1 的国有林场有 5 个，非有效率为 45.5%；纯技术效率非有效即纯技术效率值小于 1 的国有林场有 2 个，非有效率为 18.2%.

由于综合技术效率是由纯技术效率和规模效率组成的，即 TE = PTE × SE，因此分析造成黑龙江省国有林权改革效率不同的原因可以分为纯技术效率原因和规模效率原因两个方面，将两方面的原因综合就得到综合技术效率低于 1 的原因。

造成参加试点中的 5 个国有林场的综合技术效率低于 1 的原因是有区别的。其中，江东林场、长兴林场和滨南林场的规模效率小于 1，规模报酬递增且纯技术效率值为 1，即技术有效。江东林场、长兴林场和滨南林场的技术人员比例（%）的均值与在岗职工人数的比值分别为 2.64%、1%、0.33%，而 30 个样本国有林场的

$$\frac{\text{技术人员比例(\%)均值}}{\text{在岗人数均值}} = 3.39\%$$

3 个林场的比值均低于平均水平，也就是说造成这三个国有林场规模效率低的原因在于：第一，科技的投入不足，科技成果转化为投入的规模不足，即这 3 个林场的技术人员比例相对较低，缺乏技术人员，应该增加技术人员的投入量；第二，长兴林场和滨南林场的资金投入不足；第三，江东林场的有林地面积相对较少，林地资源的投入少。

而罗泉林场和正阳林场的纯技术效率和规模效率都低于1。纯技术效率低于1的原因在于各项资源的投入不合理，要素配置效率低下，具体原因表现在生产效率低，而投入的资源(林地、技术人员和资金)没有得到充分的利用，主要是技术人员的比例相对较大(罗泉林场和正阳林场的技术人员比例分别为6.8%和17.6%，都高于30个样本的技术人员比例的均值)，导致科学技术没有得到充分的利用，存在着科技资源的浪费。正阳林场处于规模收益递减且技术非有效，对它增加投入是不经济的，但它们又是技术非有效的地区，因此要在现有投入规模下，加强投入资源的管理，通过增加产出来提高投入产出效率。罗泉林场规模效率低是由于林地资源投入相对较少，使得其他的投入资源存在浪费，同时，其技术效率非有效，因此既要加大对罗泉林场的科技资源的投入，还要加强对现有投入资源的管理，以增加投入产出的效率。

(2)黑龙江省19个非林改的国有林场中，综合技术效率非有效的国有林场有10个，非有效率为54.5%；规模效率非有效的国有林场有10个，非有效率为54.5%；纯技术效率非有效的国有林场有4个，非有效率为21%。

对于未参加林权改革的国有林场中的三道林场、鹤林林场、小北湖林场、东方红林场、二站林场和河南屯林场规模效率低的原因有科技投入不足、技术人员所占比重相对较小、缺乏技术人员；兴隆林场、三道林场、东方林场和石场沟林场规模效率小于1是因为林地投入相对于其他资源的投入较少，造成其他的投入资源没能到充分利用，存在投入资源的浪费；二站林场和河南屯林场的在岗职工人数相对比例较小，使得劳动生产率低；团结林场规模效率低是由于资金的投入相对较少。

造成鹤林林场、小北湖林场、团结林场和三站林场纯技术效率低的原因在于资源配置投入不合理，各种资源的配置效率低下。鹤林林场和小北湖林场的技术人员比例相对较少，同时存在资金的闲置和劳动力资源的闲置。但是鹤林林场的科技水平已经较高，只是缺乏对投入资源的有效管理，生产效率低。

(3)对于不同的国有林场其综合技术效率低于1的原因也是不同的，综合分析造成规模效率和纯技术效率低于1的原因，就可以得到一系列综合技术效率低于1的原因：第一，投入资源的结构不合理，使得所投入的资源没能充分利用，存在资源的闲置和浪费；第二，投入规模小；第三，资源的配置效率低，生产效率不高，这些国有林场不在有效前沿面上。

5.6 小结

本章在构建黑龙江省国有林权改革效率评价模型的基础上，运用非参数数据包络分析(DEA)方法对30个国有林场进行了效率评价。首先，提出了黑龙江省国有林权改革的三个前提假设：一是森林资源的“稀缺性”假设；二是国有林承包户的“经济理性”假设；三是国有林承包户“机会成本”假设。然后，介绍了DEA评价方法的基本原理和特点，并根据研究对象阐释了规模报酬不变和规模报酬可变两种评价模型。根据实际情况确定了适合国有林权改革效率评价的BCC模型。

评价指标的选取是建立黑龙江省国有林权改革评价指标体系的关键，根据全面性、精简性、关联性、相对性和可操作性原则，以及各决策单元在质和量上的要求，选取了有林地面积、在岗职工人数、技术人员所占比例、资金投入4个投入指标，活立木总蓄积、国有林场产值2个产出指标，使用软件DEAP2.1基于投入导向的BCC模型对黑龙江省国有林权改革效率进行实证分析。

Chapter six

第 6 章 黑龙江省国有林权改革制约因素分析

实践证明，通过这次改革试点，真正确立了产权和经营主体，明晰了林地使用权和林木所有权，放活了经营权，承包户发展林业的积极性得到有效激发，森林资源的潜力得到有效释放，由此给国有林产权制度改革的广泛实施以有效地推动。

黑龙江省国有林权改革在全国国有林改革位居前列，没有成型的经验可以借鉴，还有一些制度、政策、法律等问题尚未突破，阻碍了改革试点向纵深推进。那么试点的成效如何有效推广，如何全面实施国有林产权制度改革。

一方面要进行国有林产权的主体改革；另一方面要建立并进行相关配套制度和措施的改革。前者是国有林产权的核心和关键，后者是国有林产权制度改革的保障，没有后者谈不上完整的国有林产权改革。国有林产权改革试点实施到现在的阶段，进入了瓶颈，是哪些原因制约了国有林产权制度改革。

6.1 国有林权改革的制约因素阐释

本节内容将对黑龙江省国有林权改革的制约因素进行确定及阐释，根据第五章中关于国有林权改革效率评价结果分析，同时借鉴国内相关学者的研究成果，最终将确定改革的制约因素为：现行的林木采伐限额管理制度不合理，森林资源资产评估体系不健全，林地林木流转体系不完善，林业投融资实行难，流转后经营者资金短缺，森林保险制度缺失，流转经营林地内的营林道路和防火等基础设施薄弱，林业社会化服务体系发育缓慢。

6.1.1 国有林权改革制约因素的选择

如何走出黑龙江省国有林权改革瓶颈，关键是找出影响和制约国有林权改革的因素。这方面单对黑龙江省的研究，尚未见到，但对伊春国有林权改革和南方集体林权改革方面，国内学者做了大量的研究。

刘于鹤(2007)、田淑英(2010)研究发现，林权改革的活力在不少地方还没有完全释放出来，就其原因是基础工作和配套改革滞后，商品林采伐管理制度、林业投融资体制和林业经营方式的改革都缺乏相应的政策支持。[100,101]张晓梅等(2007)提出并论证了随着林权改革的推进，政府要及时调整国有林地经营方式、林木限额采伐、林区管理模式、森林保险机制等几个方面的林业政策。[102]胡湘韩、曹玉昆等黑龙江省科顾委专家组(2007)对伊春国有林区林权改革试点调研报告中指出影响改革成败的问题开始显现出来：具有法律效力的《国有林地承包经营权证》还没有发放，缺乏“以短养长”的有力措施，缺乏林区道路基础设施建设、营林采伐技术规范和管理条例、森林保险等应有的配套性改革措施。[49]杨朝兴(2008)，张蕾(2008)，孔凡斌(2008)研究指出，林权制度改革过程中，出现了林地使用权流转法律依据不全、制度不健全流转行为不规范、中介服务机构不够健全、林地流转市场发育相对滞后等问题亟待解决。[103~105]张春霞(2007)认为森林采伐指标限额问题、资金贷款问题、生态公益林补贴问题、林地使用费问题、林业税费问题是林权改革过程中存在的问题，影响了林业发展的积极性，制约了林业生产力的进一步发展。[106]雷加富(2007)在伊春国有林权改革试点的研究中认为改革试点虽然取得了阶段性成效，但也显露出一些亟待研究解决的问题，一是部分特困职工在多项优惠政策下仍无力承包经营森林；二是林木资产保险险种单一、保期不合理、保费过高和赔付率低等问题；三是《林木采伐管理办法》和《森林资源管理办法》尚未正式批复，使《方案》没有得到落实。[107]张利国(2008)指出江西省集体林权制度改革需要进一步完善的重点是巩固明晰产权成果、规范森林资源流转、抓好集体林权各项配套改革、加大财政转移支付力度、抓好政策科技投入平台建设。[108]温铁军(2007)提出了做好国有林权制度改革的几点建议：尽快建立森林资源交易市场、保护弱势群体利益、建立投融资金融体系、推进国有民营。[109]谭世明(2008)认为林权改革不仅需要明晰稳定的林权制度，更需要科学合理的配套政策，才能保证林权改革的顺利实施。配套政策包括：减免林业税费，完善森林采伐限额制度，完善生态公益林补偿制度，完善林权交易制度，改革林业管理体制。[110]

国内学者的这些观点值得借鉴，本书在现有关于林权制度改革制约因素的研究成果以及第五章关于国有林权改革效率评价结果分析的基础上，通过广泛的调研、座谈及讨论，坚持因素重要、数据可行的原则最终确定了黑龙江省国有林权改革的制约因素：现行的林木采伐限额管理制度不合理，森林资源资产评估体系不健全，林地林木流转体系不完善，林业投融资实行难，流转后经营者资金短缺，森林保险制度缺失，流转经营林地内的营林道路和防火等基础设施薄弱，林业社会化服务体系发育缓慢。

6.1.2 国有林权改革制约因素的内涵解析

(1)现行的林木采伐限额管理制度不合理

现行的林木采伐限额管理制度是国家为了从根本上降低对森林资源的乱砍滥伐，控制不合理采伐消耗森林资源，确保森林的采伐量不大于生长量，实现森林可持续经营的一项法律制度。

而林木采伐是森林资源经营者获取经济收益的唯一途径，《森林法》规定，国家森林资源砍伐实现全额的限额控制，不管采取什么样的改革措施，不可能超越这一条法律界限。一方面，也就是说林权改革后，承包经营者所获得的产权是有条件的、不完整的，属产权残缺。按照产权经济学的解释，对森林的采伐是一种处置权，采伐限额制度使得林木所有者对其所拥有的林木的处置受到了限制，造成了产权残缺。产权残缺使承包经营者处于在预期的时间里无法进行采伐并获取收益的困境，影响林业经营主体的投资积极性，并对其他人产生极强的示范效应，从而阻碍投资资金流向林业领域，限制了林业的进一步发展。

另一方面，国有林权改革后，原本由国家所有的林木经营权转变为以众多的承包经营者所有，并通过市场流转，又将产生合作和合股等方式，呈现个体、股份和合作等多种所有制并存的局面。经营主体的多元化必然会导致经营小班数量增多，原先面积较大的自然小班划分成了若干个经营小班。[111]按照林木采伐证的核发制度，采伐林木须由林木所有者向林业主管部门提出申请，由于经营目的和收益期望存在差异，不可能做到多个经营主体同时或联合提出申请，林木采伐只能以经营小班为单位。因此，单个伐区面积变小，采伐量变少，伐区数量增多，大大增加了伐区设计和伐区管理的工作量，同时也加大了林木采伐证核发管理和伐区监管的难度。[112]所以，必须改革现行的林木采伐限额管理制度。

(2)森林资源资产评估体系不健全

近年来，森林资源资产评估在南方集体林区各地有不同程度的实践，如福建、江西、广东等省先后成立了一批森林资源资产评估机构，出台了一系列森林资源资产评估管理办法。通过实际调研得知，黑龙江国有森林资源资产评估工作比较薄弱，黑龙江省林业厅在对流转试点的国有林场进行森林资源资产评估时遴选了北京中林资产评估有限公司，这也是国内唯一一家有评估资质的评估机构。据了解，全国资产评估师共有5名，有2名在该单位其余3名专家都在高校或科研院所。这5名资产评估师的资格证是国家为了林权改革中资源资产评估工作而临时颁发的。因此，可以说现有的森林资源资产评估公司和评估人员在一定程度上缺乏权威性和公正性。国有森林资源资产评估体系是一项严密而完整的系统工程，需要一系列科学的方法和手段，因此，健全全国有森林资源资产评估体系迫在眉睫。[113]

(3)林地林木流转体系不完善

黑龙江国有林场在林地产权流转方面缺少深层次的理论研究和实践经验，没有形成完整的国有林地林木流转体系，缺少对国有林地林木流转规章制度的建立，尚没有规范的机制和程序控制国有林地林木产权流转，对于如何在林地林木产权流转后进行林地和林木的经营管理也缺乏深刻理解。合理的林价是林权交易的基础，这需要森林资源资产评估机构的参与和成熟的林权交易市场的建立，但目前如何对参与流转的森林、林木、林地进行合理定价还没有很好的解决办法。[113]

(4)林业投融资实行难

与南方集体林区相比，黑龙江国有林区还存在着木材生产周期较长的问题。由于黑龙江省地处亚寒带，平均气温较低，木材的生长周期是南方林木、竹材的几倍甚至几十倍，不仅生产成本较高，受病、虫害和火灾等外部风险因素的影响也较大，承包户必须通过发展森林旅游，进行特色种、养等项目来获取收入，以支付林业生产中用于购买苗木、森林培育和日常管护等费用。由于承包户的经济能力普遍有限，因此，迫切需要金融机构给予信贷资金支持。据调查，黑龙江省林改试点后林业投融资体系还很难建立，对于银行来说，存在风险难以控制的问题，严重限制了金融服务产品的有效供给，这使得投融资实行难问题成为承包职工扩大生产经营的主要制约因素。

(5)流转后经营者资金短缺

黑龙江省国有林权改革试点后，经营者发展林业生产的积极性明显提高，但由于林业经营周期长，受自然灾害影响大，而且从林木种苗的购买、培育到后期的林木管护、采伐，承包户都投入了很大的资金，很难再有资金进一步对林木经营投资，以至于出现了承包后无力经营的局面。

因此，如何有效地解决林权改革过程中的资金短缺问题，已经成为制约黑龙江国有林权制度改革顺利进行的重要因素。

(6)森林保险制度缺失

由于林业的特殊性，受自然条件影响很大，容易遭受到病虫害、火灾、旱灾等自然灾害，甚至遭遇盗采、盗伐、哄抢、故意毁坏等人为损失，而多数承包户几乎倾其所有财力承包经营林地，很难再承受这些天灾人祸所造成的损失。而森林保险在分散风险、促进资金合理利用、防止和减少森林灾害发生以及保障林业再生产方面具有重大现实意义。森林保险体系的不健全，将很难保障国有林权改革的顺利进行。[113]

(7)流转经营林地内的营林道路和防火等基础设施薄弱

由于国有林场长期经济危困，加之国家对国有林场的投入不足，造成林场营林道路和防火等基础设施建设欠账较多，尽管地方政府在经济十分紧张的情况下拿出了部分资金改善了林区的一些基础设施，但还难以满足承包经营的需要，一定程度上制约了承包户的生产经营。

(8)林业社会化服务体系发育缓慢

流转后，林业生产经营者对林业政策和林业实用技术及林业科技的需求特别强烈，而传统的林业社会化服务方式和林业科技信息传播手段已不能满足林业生产经营者的需求，林业社会化服务体系建设无法满足林权制度改革的要求。并且，林业生产具有产品率高、市场风险较大、承包个体博弈弱势明显、生产季节性强或时间约束、规模经济较显著、专业化程度较高、资产专有性较高等特点，[70]因此，着力建设林业社会化服务体系应是国有林权制度改革需要迫切解决的问题之一。

6.2 基于ISM方法的国有林权改革制约因素内部结构模型的构建

黑龙江省国有林权改革的影响因素：现行的林木采伐限额管理制度不合理，森林资源资产评估体系不健全，林地林木流转体系不完善，林业投融资实行难，流转后经营者资金短缺，森林保险制度缺失，流转经营林地内的营林道路和防火等基础设施薄弱，林业社会化服务体系发育缓慢。

这些因素之间有什么关系，他们的影响强度和重要性如何，需要进行科学的评价，常用的评价方法有DELPHI法、主成分分析法、层次分析法(AHP)等。本书采用的是结构模型解析法(ISM)。

6.2.1 ISM 结构模型解析法

结构模型解析法(Interpretive Structural Modeling，简称 ISM 法)又叫解释结构模型，它是近年来在层次分析法的基础上开发出来的一种系统结构辨识技术。结构模型解析法不同于以往传统的评价方法，它是一种根据研究目的，对问题充分了解的基础上，分析诊断系统内部结构、层次及其因果关系，通过建立递阶结构模型，以数学理论和心理学理论为工具，把定性判断和定量计算结合起来的研究方法。

目前，结构模型解析法(ISM)在制定复杂的企业计划、决定政策方针、区域环境规划、城市规划等方面都有广泛应用。除此之外，也多采用这种方法对系统问题进行诊断。结构模型解析法分为两种：一是仅考虑因果关系的诊断模型；二是考虑具有不同影响强度的诊断模型。其诊断的步骤、基本原理如下：

6.2.1.1 仅考虑因果关系的诊断模型

(1)明确问题，建立邻接关系矩阵

结构模型解析法与层次分析法相比较，存在着互逆过程。层次分析法首先建立层次结构，然后进行重要性排序。而结构模型解析法则是在明确问题之后建立因果关系，然后通过计算求解出层次鲜明的多级递阶结构形式。

所谓明确问题，就是把系统当前存在什么问题明确起来。为此要请熟悉系统情况的各方面人士，共同对系统现实存在的主要问题进行陈述，最后形成问题全集，即：

$$N=\{i \mid i=1, 2, \cdots, n\}$$

式中：i 代表第 i 个问题。

假设某系统在明确问题时，共提出七个问题，即 $N=\{i \mid i=1, 2, \cdots, 7\}$。显然这些问题并不是相互孤立的，而是存在着复杂的相互影响关系，即因果关系。为了描述问题之间的这种因果关系，我们可以引入因果关系图。图 6-1 就是上面七个问题相互影响的因果关系。图中 $i \to j$ 表示 i 问题对 j 问题有影响，如果没有影响，就不标注箭杆。

也可以直接建立邻接关系矩阵。设邻接矩阵 $A=(a_{ij})_{n\times n}$，其元素作如下定义：

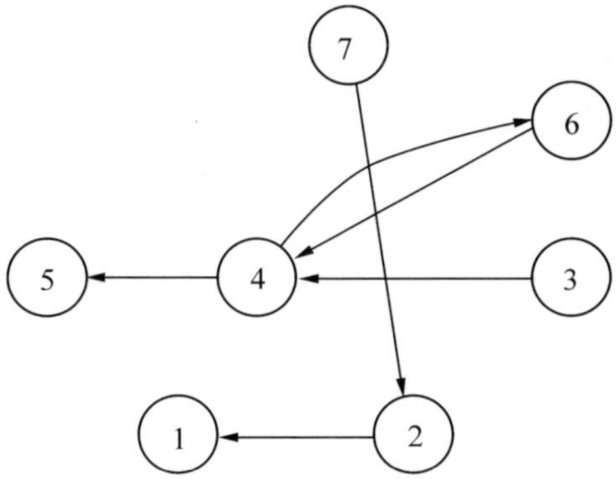

图 6-1　问题相互影响因果关系图

$$a_{ij}=\begin{cases}1 & \text{当 } i \text{ 对 } j \text{ 有影响时}\\ 0 & \text{当 } i \text{ 对 } j \text{ 没有影响时}\end{cases}\quad (i=j=1,\ 2,\ \cdots,\ n)$$

$$A=\begin{array}{c} \\ ① \\ ② \\ ③ \\ ④ \\ ⑤ \\ ⑥ \\ ⑦ \end{array}\begin{array}{c} \begin{array}{ccccccc} ① & ② & ③ & ④ & ⑤ & ⑥ & ⑦ \end{array} \\ \begin{bmatrix} 0 & 0 & 0 & 0 & 0 & 0 & 0 \\ 1 & 0 & 0 & 0 & 0 & 0 & 0 \\ 0 & 0 & 0 & 1 & 0 & 0 & 0 \\ 0 & 0 & 0 & 0 & 1 & 1 & 0 \\ 0 & 0 & 0 & 0 & 0 & 0 & 0 \\ 0 & 0 & 0 & 1 & 0 & 0 & 0 \\ 0 & 1 & 0 & 0 & 0 & 0 & 0 \end{bmatrix}\end{array} \tag{6-1}$$

邻接矩阵 A 有如下性质：

a. 矩阵元素非 0 即 1，称作布尔阵。

b. 因果关系图与邻接矩阵一一对应。

c. A 的转置 A^{T}，则因果关系图箭头改变方向。

d. 邻接矩阵只描述两个问题之间的直接关系，或称一步到达关系，而对多步(间接)关系不考虑。

e. 在邻接矩阵中，若某一列元素全为零，则对应的问题称作源点，如式6-1中的③、⑦；如果某一行元素全为零，则对应的同题称作汇点，如式 6-1 中的①、⑤。

(2) 求可达矩阵

邻接矩阵只反映直接联系(或一步到达关系)，而对各种间接联系(或多步到达关系)没有反映，这就有必要研究能反映各种信息联系的新矩阵——可达矩阵。其具体定义是：

包含反身关系和 $K(K=1, 2\cdots, n)$ 步到达关系的矩阵叫可达矩阵，记成 M。

对邻接矩阵 A 作自乘运算，可得到问题之间 K 步到达关系的信息。当 A 作自乘运算时，要遵守布尔代数运算规则，即

$$0+0=0,\ 0+1=1,\ 1+1=1,\ 0\times0=0,\ 0\times1=0,\ 1\times1=1$$

可达矩阵具有如下性质：

a. A^{K}即代表第 K 步到达关系矩阵。

b. 如果关系图中不存在回路，且存在 K 步到达关系，则必有 $A^{K+1}=0$。

c. 如果关系图中存在回路，则 K 取值无限，即存在循环关系。

d. 如果对 $(I\cup A)$ 进行自乘运算，且存在 K 步到达关系，则不管关系图中是否存在回路，必有 $(I\cup A)^{K}=(I\cup A)^{K+1}$。

在实际求解时，可用下式求可达矩阵：$M=(I\cup A)^{K}=(I\cup A)^{2K}$

根据这一公式对式 6-1 运算，得到可达矩阵，如式 6-2 所示：

$$M=\begin{array}{c} \\ ① \\ ② \\ ③ \\ ④ \\ ⑤ \\ ⑥ \\ ⑦ \end{array}\begin{array}{c} \begin{array}{ccccccc} ① & ② & ③ & ④ & ⑤ & ⑥ & ⑦ \end{array} \\ \begin{bmatrix} 1 & 0 & 0 & 0 & 0 & 0 & 0 \\ 1 & 1 & 0 & 0 & 0 & 0 & 0 \\ 0 & 0 & 1 & 1 & 1 & 1 & 0 \\ 0 & 0 & 0 & 1 & 1 & 1 & 0 \\ 0 & 0 & 0 & 0 & 1 & 0 & 0 \\ 0 & 0 & 0 & 1 & 1 & 1 & 0 \\ 1 & 1 & 0 & 0 & 0 & 0 & 1 \end{bmatrix} \end{array} \qquad (6-2)$$

(3)可达矩阵的分解

可达矩阵的分解包括区域分解和级间分解。区域分解是把问题单元分解成若干个相互没有联系的独立区域(独立子系统)；级间分解则是在每个独立区域内，把单元分解成多级递阶层次结构。

①区域分解。根据可达矩阵，可把问题单元分成可达集 $R(\Phi)$ 和先行集 $A(\phi)$ (这里行单元记为Φ，列单元记为ϕ，$(i=j=1, 2, \cdots n)$。可达集是指 i 可以到达的单元集合，先行集则是指能够到达 j 的单元集合。两个集合的数学表达式如下：

$$R(\Phi)=\{\phi \mid j\in N，且\ m_{ij}=1\}$$

$$A(\Phi)=\{\phi \mid i\in N，且\ m_{ij}=1\}$$

区域分解从最底层单元判断开始。因为最底层单元没有更下层的单元通向它，所以，它的先行集只包括自身或与它同级的某些强联结单元，它的可达集中除自身和与它同级的某些强联结单元外，还包括它所能到达的上级各单元。因此底层单元必须满足条件：$A(i)=R(\Phi)\cap A(\phi)$，且 $i=j=1$，2，…，n。所有底层单元的集合，构成共同集 T，即

$$T=\{\Phi \mid i\in N,\text{且} R(\Phi)\cap A(\phi)=A(\phi)\} \quad (6-3)$$

因为共同集都是最底层单元，因此可以根据下列原则进行区域分解：

设已知 u、$v\in T$，若满足 $R(u)\cap R(v)=\Phi$，则 u、v 两个单元分属两个不同区域；如 $R(u)\cap R(v)\neq\Phi$，则 u、v 两个单元属于同一区域。区域分解的结果一般表示成：

$$\Pi_1(N)=\{P1,\ P2,\ \cdots\cdots,\ Pm\} \quad (m\text{ 为区域数})$$

②级间分解。级间分解在同一个区域上进行，级间分解从最上一级（第一级）开始。因为最上一级没有更高的级可以到达，所以它的可达集 $R(i)$ 只能包括自身和与它同级的某些强联结单元；它的先行集 $A(j)$ 除包含自身外，还可能有属于它下一级的某些单元和与之同级的强联结单元。因此，对最上一级而言，必存在 $R(i)=R(i)\cap A(j)$，于是级间分解的一般公式如下：

$$L_j=\{\Phi \mid i\in N,\text{且} R(i)\cap A(i)=R(i)\} \quad (6-4)$$

式中：L_j 为第 j 级单元集合（$j=1$，2，…，n）

（4）求解结构矩阵，绘制多级递阶结构图

所谓结构矩阵，是指问题单元之间客观存在的层次、因果关系矩阵。它与可达矩阵的区别在于不含有反身关系和传递关系。结构矩阵是绘制多级递阶结构图的基础，多级递阶结构图把错综复杂的问题堆变成层次鲜明的有序结构，从而为科学地解决问题指明了方向。[114]

6.2.1.2 考虑具有不同影响强度的诊断模型

事实上，在系统问题诊断中，仅考虑问题之间是否存在影响关系是不够的，还需引入影响强度概念。

与仅考虑因果关系的诊断模型相比，所不同的是，在给出问题方阵，请相关专家进行模糊评分时，评分的标准为：

$$di_j = \begin{cases} 0, & i\text{ 对 }j\text{ 没有影响（含 }i=j\text{）} \\ 1, & i\text{ 对 }j\text{ 稍有影响} \\ 2, & i\text{ 对 }j\text{ 有影响} \\ 3, & i\text{ 对 }j\text{ 有较大影响} \\ 4, & i\text{ 对 }j\text{ 有强影响} \\ 5, & i\text{ 对 }j\text{ 有极强影响} \end{cases}$$

取各位专家所给评分的算数平均值作为 i 对 j 的影响强度评分。并根据模糊邻接矩阵，给出模糊影响关系图。

求模糊可达矩阵时，对考虑反身关系时应并上 $5I$，即满足：

$\widetilde{M} = (5I \cup A)^k = (5I \cup A)^{2k}$　　则 M 为 A 的模糊可达矩阵。

这里，最关键的是要将模糊可达矩阵转化成 0－1 可达矩阵。因为，模糊可达矩阵不能进行区域分解和级间分解，为此必须将模糊关系转化为 0－1 关系。这样要选取适当截系数 $\alpha(0<\alpha<5)$，对模糊可达矩阵元素（m_{ij}）作如下转化：

$$m_{ij} = \begin{cases} 0, & \text{当 } m_{ij} \leqslant \alpha \text{ 时} \\ 1, & \text{当 } m_{ij} > \alpha \text{ 时} \end{cases}$$

显然，α 取值不同，便对应不同的 0－1 可达矩阵。这样我们通过调整 α 值，可进一步了解不同影响强度对系统结构的影响。

6.2.2 建立制约因素内部关联结构模型

黑龙江省国有林权改革是一项复杂的系统工程，本书采用考虑具有不同影响强度的 ISM 诊断模型，对国有林权改革制约因素的内部结构、层次及其因果关系进行诊断，据此为全面实施国有林改革提供依据。

(1)明确问题

在前面分析中，黑龙江省国有林权改革的制约影响因素主要有八方面的问题：

①现行的林木采伐限额管理制度不合理；

②森林资源资产评估体系不健全；

③林地林木流转体系不完善；

④林业投融资实行难；

⑤流转后经营者资金短缺；

⑥森林保险制度缺失；

⑦流转经营林地内的营林道路和防火等基础设施薄弱；

⑧林业社会化服务体系发育缓慢。

(2)求邻接关系矩阵 A

先给出问题方阵，然后请若干名了解情况的专家进行评分。评分标准如下：

$$a_{ij}=\begin{cases}0, & i\text{ 对 }j\text{ 没有影响(含 }i=j\text{)}\\ 1, & i\text{ 对 }j\text{ 稍有影响}\\ 2, & i\text{ 对 }j\text{ 有影响}\\ 3, & i\text{ 对 }j\text{ 有较大影响}\\ 4, & i\text{ 对 }j\text{ 有强影响}\\ 5, & i\text{ 对 }j\text{ 有极强影响}\end{cases}$$

在分析制约影响因素时，通过到黑龙江省国有林权改革试点地区调研和组织基层工作人员及相关专家多方评估，综合各方面的评估意见，得出：现行的林木采伐限额管理制度不合理对林地林木流转体系有影响，对林业投融资问题有强影响；森林资源资产评估体系不健全对林地林木流转体系有极强影响，对林业投融资问题有强影响，对森林保险制度有较大影响；林地林木流转体系不完善对森林资源资产评估体系有强影响，对林业投融资问题有极强影响，对流转后经营者资金短缺问题有强影响；林业投融资实行难对林地林木流转体系有较大影响，对流转后经营者资金短缺问题有极强影响，对森林保险制度有强影响，对流转经营林地内的营林道路和防火等基础设施建设有较大影响，对林业社会化服务体系有影响；流转后经营者资金短缺对森林资源资产评估体系稍有影响，对林地林木流转体系有影响，对森林保险制度有极强影响，对流转经营林地内的营林道路和防火等基础设施建设有较大影响，对林业社会化服务体系有较大影响；森林保险制度缺失对森林资源资产评估体系有强影响，对林地林木流转体系有较大影响，对林业投融资问题有较大影响，对流转经营林地内的营林道路和防火等基础设施建设有较大影响，对林业社会化服务体系有影响；流转经营林地内的营林道路和防火等基础设施薄弱对森林资源资产评估体系有影响，对林地林木流转体系有强影响，对林业投融资问题有强影响，对森林保险制度有强影响，对林业社会化服务体系有较大影响；林业社会化服务体系发育缓慢对现行的林木采伐限额管理制度有较大影响，对森林资源资产评估体系有较大影响，对林地林木流转体系有极强影响，对林业投融资问题有强影响，对流转后经营者资金短缺有强影响，对森林保险制度有强影响，对流转经营林地内的营林道路和防火等基础设施建设有强影响。

根据相关专家和工作人员的评估得分，绘出各因素之间相互影响的因果关系图6－2，对照因果关系图6－2，得到如下邻接关系矩阵，如式6－5所示：

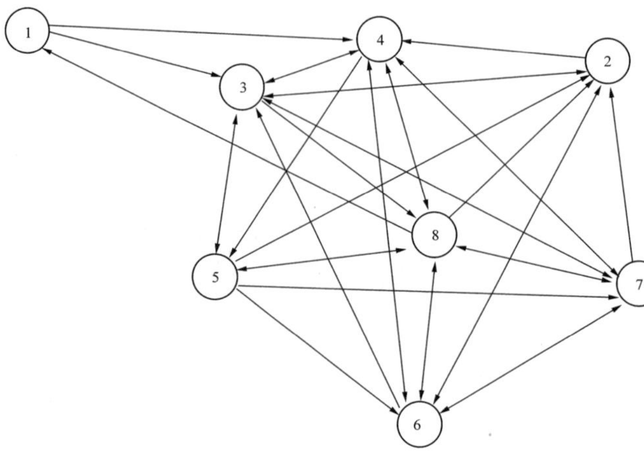

图6－2　各因素相互影响因果关系图

$$
A=\begin{array}{c}\\(1)\\(2)\\(3)\\(4)\\(5)\\(6)\\(7)\\(8)\end{array}\begin{array}{c}\begin{array}{cccccccc}① & ② & ③ & ④ & ⑤ & ⑥ & ⑦ & ⑧\end{array}\\\left[\begin{array}{cccccccc}0 & 0 & 2 & 4 & 0 & 0 & 0 & 0\\0 & 0 & 5 & 4 & 0 & 3 & 0 & 0\\0 & 4 & 0 & 5 & 4 & 0 & 0 & 0\\0 & 0 & 3 & 0 & 5 & 4 & 3 & 2\\0 & 1 & 2 & 0 & 0 & 5 & 3 & 3\\0 & 4 & 3 & 3 & 0 & 0 & 3 & 2\\0 & 2 & 4 & 4 & 0 & 4 & 0 & 3\\3 & 3 & 5 & 4 & 4 & 4 & 4 & 0\end{array}\right]\end{array} \qquad (6-5)
$$

6.3 国有林权改革制约因素内部关联结构测算

本节将根据上节中求得的邻接关系矩阵 A，建立制约因素内部关联结构的模糊可达矩阵，并转化为0－1可达矩阵；将可达矩阵进行区域分解和级间分解；最后求解制约因素的结构矩阵并根据结构矩阵绘制多级递阶结构图。

6.3.1 建立制约因素内部关联结构的可达矩阵

（1）建立模糊可达矩阵

上节中求得的邻接关系矩阵 A，如式6－5

$$
A=\begin{array}{c}\\(1)\\(2)\\(3)\\(4)\\(5)\\(6)\\(7)\\(8)\end{array}\begin{array}{c}\begin{array}{cccccccc}① & ② & ③ & ④ & ⑤ & ⑥ & ⑦ & ⑧\end{array}\\\left[\begin{array}{cccccccc}0 & 0 & 2 & 4 & 0 & 0 & 0 & 0\\0 & 0 & 5 & 4 & 0 & 3 & 0 & 0\\0 & 4 & 0 & 5 & 4 & 0 & 0 & 0\\0 & 0 & 3 & 0 & 5 & 4 & 3 & 2\\0 & 1 & 2 & 0 & 0 & 5 & 3 & 3\\0 & 4 & 3 & 3 & 0 & 0 & 3 & 2\\0 & 2 & 4 & 4 & 0 & 4 & 0 & 3\\3 & 3 & 5 & 4 & 4 & 4 & 4 & 0\end{array}\right]\end{array} \qquad (6-5)
$$

根据结构模型解析法的原理和方法，求模糊可达矩阵，这时考虑反身关系时应并上 $5I$，即 $R=(A\cup 5I)$，如式 6－6 所示。

$$R=(A\cup 5I)=\begin{array}{c} \\ (1)\\(2)\\(3)\\(4)\\(5)\\(6)\\(7)\\(8)\end{array}\begin{array}{c}\begin{array}{cccccccc}\text{①}&\text{②}&\text{③}&\text{④}&\text{⑤}&\text{⑥}&\text{⑦}&\text{⑧}\end{array}\\ \begin{bmatrix}0&0&2&4&0&0&0&0\\0&0&5&4&0&3&0&0\\0&4&0&5&4&0&0&0\\0&0&3&0&5&4&3&2\\0&1&2&0&0&5&3&3\\0&4&3&3&0&0&3&2\\0&2&4&4&0&4&0&3\\3&3&5&4&4&4&4&0\end{bmatrix}\end{array}\begin{array}{c}\begin{array}{cccccccc}\text{①}&\text{②}&\text{③}&\text{④}&\text{⑤}&\text{⑥}&\text{⑦}&\text{⑧}\end{array}\\ \begin{bmatrix}5&0&0&0&0&0&0&0\\0&5&0&0&0&0&0&0\\0&0&5&0&0&0&0&0\\0&0&0&5&0&0&0&0\\0&0&0&0&5&0&0&0\\0&0&0&0&0&5&0&0\\0&0&0&0&0&0&5&0\\0&0&0&0&0&0&0&5\end{bmatrix}\end{array}$$

$$=\begin{array}{c} \\ (1)\\(2)\\(3)\\(4)\\(5)\\(6)\\(7)\\(8)\end{array}\begin{array}{c}\begin{array}{cccccccc}\text{①}&\text{②}&\text{③}&\text{④}&\text{⑤}&\text{⑥}&\text{⑦}&\text{⑧}\end{array}\\ \begin{bmatrix}5&0&2&4&0&0&0&0\\0&5&5&4&0&3&0&0\\0&4&5&5&4&0&0&0\\0&0&3&5&5&4&3&2\\0&1&2&0&5&5&3&3\\0&4&3&3&0&5&3&2\\0&2&4&4&0&4&5&3\\3&3&5&4&4&4&4&5\end{bmatrix}\end{array}$$

$$\text{即：}R=\begin{array}{c} \\ (1)\\(2)\\(3)\\(4)\\(5)\\(6)\\(7)\\(8)\end{array}\begin{array}{c}\begin{array}{cccccccc}\text{①}&\text{②}&\text{③}&\text{④}&\text{⑤}&\text{⑥}&\text{⑦}&\text{⑧}\end{array}\\ \begin{bmatrix}5&0&2&4&0&0&0&0\\0&5&5&4&0&3&0&0\\0&4&5&5&4&0&0&0\\0&0&3&5&5&4&3&2\\0&1&2&0&5&5&3&3\\0&4&3&3&0&5&3&2\\0&2&4&4&0&4&5&3\\3&3&5&4&4&4&4&5\end{bmatrix}\end{array} \qquad (6-6)$$

此时如满足 $R=(A\cup 5I)^{K}=(A\cup 5I)^{2K}$，即 $(A\cup 5I)\neq(A\cup 5I)^{2}\neq(A\cup 5I)^{4}=(A\cup 5I)^{8}$，运用布尔代数运算规则求模糊可达矩阵，运算过程如下：

$$
R^2 = \begin{array}{c} \\ (1)\\ (2)\\ (3)\\ (4)\\ (5)\\ (6)\\ (7)\\ (8) \end{array}
\begin{array}{c}
\begin{array}{cccccccc} \text{①} & \text{②} & \text{③} & \text{④} & \text{⑤} & \text{⑥} & \text{⑦} & \text{⑧} \end{array}\\
\begin{bmatrix}
5 & 0 & 2 & 4 & 0 & 0 & 0 & 0\\
0 & 5 & 5 & 4 & 0 & 3 & 0 & 0\\
0 & 4 & 5 & 5 & 4 & 0 & 0 & 0\\
0 & 0 & 3 & 5 & 5 & 4 & 3 & 2\\
0 & 1 & 2 & 0 & 5 & 5 & 3 & 3\\
0 & 4 & 3 & 3 & 0 & 5 & 3 & 2\\
0 & 2 & 4 & 4 & 0 & 4 & 5 & 3\\
3 & 3 & 5 & 4 & 4 & 4 & 4 & 5
\end{bmatrix}
\end{array}
\begin{array}{c}
\begin{array}{cccccccc} \text{①} & \text{②} & \text{③} & \text{④} & \text{⑤} & \text{⑥} & \text{⑦} & \text{⑧} \end{array}\\
\begin{bmatrix}
5 & 0 & 2 & 4 & 0 & 0 & 0 & 0\\
0 & 5 & 5 & 4 & 0 & 3 & 0 & 0\\
0 & 4 & 5 & 5 & 4 & 0 & 0 & 0\\
0 & 0 & 3 & 5 & 5 & 4 & 3 & 2\\
0 & 1 & 2 & 0 & 5 & 5 & 3 & 3\\
0 & 4 & 3 & 3 & 0 & 5 & 3 & 2\\
0 & 2 & 4 & 4 & 0 & 4 & 5 & 3\\
3 & 3 & 5 & 4 & 4 & 4 & 4 & 5
\end{bmatrix}
\end{array}
$$

$$
= \begin{array}{c}
\begin{array}{cccccccc} \text{①} & \text{②} & \text{③} & \text{④} & \text{⑤} & \text{⑥} & \text{⑦} & \text{⑧} \end{array}\\
\begin{bmatrix}
5 & 2 & 3 & 4 & 4 & 4 & 3 & 2\\
0 & 5 & 5 & 5 & 4 & 4 & 3 & 2\\
0 & 4 & 5 & 5 & 5 & 4 & 3 & 3\\
2 & 4 & 3 & 5 & 5 & 5 & 3 & 3\\
3 & 4 & 3 & 3 & 5 & 5 & 3 & 3\\
2 & 4 & 4 & 4 & 3 & 5 & 3 & 3\\
3 & 4 & 4 & 4 & 4 & 4 & 5 & 3\\
3 & 4 & 5 & 5 & 4 & 4 & 4 & 5
\end{bmatrix}
\end{array}
$$

$$
R^4 = \begin{array}{c} \\ (1)\\ (2)\\ (3)\\ (4)\\ (5)\\ (6)\\ (7)\\ (8) \end{array}
\begin{array}{c}
\begin{array}{cccccccc} \text{①} & \text{②} & \text{③} & \text{④} & \text{⑤} & \text{⑥} & \text{⑦} & \text{⑧} \end{array}\\
\begin{bmatrix}
5 & 2 & 3 & 4 & 4 & 4 & 3 & 2\\
0 & 5 & 5 & 5 & 4 & 4 & 3 & 2\\
0 & 4 & 5 & 5 & 5 & 4 & 3 & 3\\
2 & 4 & 3 & 5 & 5 & 5 & 3 & 3\\
3 & 4 & 3 & 3 & 5 & 5 & 3 & 3\\
2 & 4 & 4 & 4 & 3 & 5 & 3 & 3\\
3 & 4 & 4 & 4 & 4 & 4 & 5 & 3\\
3 & 4 & 5 & 5 & 4 & 4 & 4 & 5
\end{bmatrix}
\end{array}
\begin{array}{c}
\begin{array}{cccccccc} \text{①} & \text{②} & \text{③} & \text{④} & \text{⑤} & \text{⑥} & \text{⑦} & \text{⑧} \end{array}\\
\begin{bmatrix}
5 & 2 & 3 & 4 & 4 & 4 & 3 & 2\\
0 & 5 & 5 & 5 & 4 & 4 & 3 & 2\\
0 & 4 & 5 & 5 & 5 & 4 & 3 & 3\\
2 & 4 & 3 & 5 & 5 & 5 & 3 & 3\\
3 & 4 & 3 & 3 & 5 & 5 & 3 & 3\\
2 & 4 & 4 & 4 & 3 & 5 & 3 & 3\\
3 & 4 & 4 & 4 & 4 & 4 & 5 & 3\\
3 & 4 & 5 & 5 & 4 & 4 & 4 & 5
\end{bmatrix}
\end{array}
$$

$$
= \begin{array}{c}
\begin{array}{cccccccc} \text{①} & \text{②} & \text{③} & \text{④} & \text{⑤} & \text{⑥} & \text{⑦} & \text{⑧} \end{array}\\
\begin{bmatrix}
5 & 4 & 4 & 4 & 4 & 4 & 3 & 3\\
3 & 5 & 5 & 5 & 5 & 5 & 3 & 3\\
3 & 4 & 5 & 5 & 5 & 5 & 3 & 3\\
3 & 4 & 4 & 5 & 5 & 5 & 3 & 3\\
3 & 4 & 4 & 4 & 5 & 5 & 3 & 3\\
3 & 4 & 4 & 4 & 4 & 5 & 3 & 3\\
3 & 4 & 4 & 4 & 4 & 4 & 5 & 3\\
3 & 4 & 5 & 5 & 5 & 5 & 4 & 5
\end{bmatrix}
\end{array}
$$

$$R^8 = \begin{array}{c} \\ (1)\\(2)\\(3)\\(4)\\(5)\\(6)\\(7)\\(8) \end{array}\begin{array}{c} ①\ ②\ ③\ ④\ ⑤\ ⑥\ ⑦\ ⑧ \\ \begin{bmatrix} 5&4&4&4&4&4&3&3\\3&5&5&5&5&5&3&3\\3&4&5&5&5&5&3&3\\3&4&4&5&5&5&3&3\\3&4&4&4&5&5&3&3\\3&4&4&4&4&5&3&3\\3&4&4&4&4&4&5&3\\3&4&5&5&5&5&4&5 \end{bmatrix}\end{array} \begin{array}{c} ①\ ②\ ③\ ④\ ⑤\ ⑥\ ⑦\ ⑧ \\ \begin{bmatrix} 5&4&4&4&4&4&3&3\\3&5&5&5&5&5&3&3\\3&4&5&5&5&5&3&3\\3&4&4&5&5&5&3&3\\3&4&4&4&5&5&3&3\\3&4&4&4&4&5&3&3\\3&4&4&4&4&4&5&3\\3&4&5&5&5&5&4&5 \end{bmatrix}\end{array}$$

$$= \begin{array}{c} ①\ ②\ ③\ ④\ ⑤\ ⑥\ ⑦\ ⑧ \\ \begin{bmatrix} 5&4&4&4&4&4&3&3\\3&5&5&5&5&5&3&3\\3&4&5&5&5&5&3&3\\3&4&4&5&5&5&3&3\\3&4&4&4&5&5&3&3\\3&4&4&4&4&5&3&3\\3&4&4&4&4&4&5&3\\3&4&5&5&5&5&4&5 \end{bmatrix}\end{array}$$

因为 $R^4 = R^8$，则得到模糊可达矩阵为：

$$\widetilde{M} = R^8 = \begin{array}{c} \\ (1)\\(2)\\(3)\\(4)\\(5)\\(6)\\(7)\\(8) \end{array}\begin{array}{c} ①\ ②\ ③\ ④\ ⑤\ ⑥\ ⑦\ ⑧ \\ \begin{bmatrix} 5&4&4&4&4&4&3&3\\3&5&5&5&5&5&3&3\\3&4&5&5&5&5&3&3\\3&4&4&5&5&5&3&3\\3&4&4&4&5&5&3&3\\3&4&4&4&4&5&3&3\\3&4&4&4&4&4&5&3\\3&4&5&5&5&5&4&5 \end{bmatrix}\end{array} \qquad (6-7)$$

(2)将模糊可达矩阵转化为 0－1 可达矩阵

取适当截系数 $\alpha = 3$，对模糊可达矩阵元素 m_{ij} 作如下转化：

$$m_{ij}=\begin{cases}0, & \text{当 } m_{i\,j}\leqslant\alpha \text{ 时}\\ 1, & \text{当 } m_{i\,j}>\alpha \text{ 时}\end{cases}$$

$$M=\begin{array}{c}\\(1)\\(2)\\(3)\\(4)\\(5)\\(6)\\(7)\\(8)\end{array}\begin{array}{c}\begin{array}{cccccccc}① & ② & ③ & ④ & ⑤ & ⑥ & ⑦ & ⑧\end{array}\\ \begin{bmatrix}1&1&1&1&1&1&0&0\\0&1&1&1&1&1&0&0\\0&1&1&1&1&1&0&0\\0&1&1&1&1&1&0&0\\0&1&1&1&1&1&0&0\\0&1&1&1&1&1&0&0\\0&1&1&1&1&1&1&0\\0&1&1&1&1&1&1&1\end{bmatrix}\end{array} \tag{6-8}$$

6.3.2 制约因素内部关联结构的区域分解和级间分解

(1)制约因素内部关联结构的区域分解

根据式6－8，0－1可达矩阵 $M=\begin{array}{c}\\(1)\\(2)\\(3)\\(4)\\(5)\\(6)\\(7)\\(8)\end{array}\begin{array}{c}\begin{array}{cccccccc}① & ② & ③ & ④ & ⑤ & ⑥ & ⑦ & ⑧\end{array}\\ \begin{bmatrix}1&1&1&1&1&1&0&0\\0&1&1&1&1&1&0&0\\0&1&1&1&1&1&0&0\\0&1&1&1&1&1&0&0\\0&1&1&1&1&1&0&0\\0&1&1&1&1&1&0&0\\0&1&1&1&1&1&1&0\\0&1&1&1&1&1&1&1\end{bmatrix}\end{array}$

给出 R(Φ)、A(ϕ) 和 R(Φ)∩A(ϕ)，见表6－1所示。

表6－1 黑龙江国有林权改革影响因素区域分解表

Φϕ	R(Φ)	A(ϕ)	R(Φ)∩A(ϕ)
①	①②③④⑤⑥	①	①
②	②③④⑤⑥	①②③④⑤⑥⑦⑧	②③④⑤⑥
③	②③④⑤⑥	①②③④⑤⑥⑦⑧	②③④⑤⑥
④	②③④⑤⑥	①②③④⑤⑥⑦⑧	②③④⑤⑥
⑤	②③④⑤⑥	①②③④⑤⑥⑦⑧	②③④⑤⑥
⑥	②③④⑤⑥	①②③④⑤⑥⑦⑧	②③④⑤⑥
⑦	②③④⑤⑥⑦	⑦⑧	⑦
⑧	②③④⑤⑥⑦⑧	⑧	⑧

区域分解从最底层单元判断开始。最底层单元必须满足条件：$A(i)=R(\Phi)\cap A(\Phi)$，且 $i=j=1, 2, \cdots, n$。由表6－1可知，所有底层单元的集合，构成共同集 T，即 $T=\{①, ⑧\}$，且 $R(①)\cap R(⑧)\neq\Phi$，说明①和⑧属于一个区域，因此，不必进行区域分解。

(2)制约因素内部关联结构的级间分解

由表6－1可知，首先满足级间分解的是{②，③，④，⑤，⑥}，故 $L_1=$ {②，③，④，⑤，⑥}。然后去掉{②，③，④，⑤，⑥}，得 $L_2=$ {①，⑦}。再去掉{①，⑦}，最后得 $L_3=$ {⑧}。按分级结果重新排列问题顺序如式6－9所示：

$$M=\begin{array}{c} \\ \\ (2)\\(3)\\(4)\\(5)\\(6)\\(1)\\(7)\\(8)\end{array}\begin{array}{c}\begin{array}{cccccccc} & & 一 & & & 二 & & 三\\ ② & ③ & ④ & ⑤ & ⑥ & ① & ⑦ & ⑧\end{array}\\ \begin{bmatrix}1&1&1&1&1&0&0&0\\1&1&1&1&1&0&0&0\\1&1&1&1&1&0&0&0\\1&1&1&1&1&0&0&0\\1&1&1&1&1&0&0&0\\1&1&1&1&1&1&0&0\\1&1&1&1&1&0&1&0\\1&1&1&1&1&0&1&1\end{bmatrix}\end{array} \tag{6-9}$$

6.3.3 求解制约因素结构矩阵并绘制多级递阶结构图

(1)求解制约因素结构矩阵

根据上小节计算得出式6－9，$M=\begin{array}{c} \\ \\ (2)\\(3)\\(4)\\(5)\\(6)\\(1)\\(7)\\(8)\end{array}\begin{array}{c}\begin{array}{cccccccc} & & 一 & & & 二 & & 三\\ ② & ③ & ④ & ⑤ & ⑥ & ① & ⑦ & ⑧\end{array}\\ \begin{bmatrix}1&1&1&1&1&0&0&0\\1&1&1&1&1&0&0&0\\1&1&1&1&1&0&0&0\\1&1&1&1&1&0&0&0\\1&1&1&1&1&0&0&0\\1&1&1&1&1&1&0&0\\1&1&1&1&1&0&1&0\\1&1&1&1&1&0&1&1\end{bmatrix}\end{array}$

矩阵 M 中去掉反身关系，令 $M' = M - I$，则

$$M' = \begin{array}{c} \\ \\ (2) \\ (3) \\ (4) \\ (5) \\ (6) \\ (1) \\ (7) \\ (8) \end{array} \begin{array}{cccccccc} & & \text{一} & & & \text{二} & & \text{三} \\ ② & ③ & ④ & ⑤ & ⑥ & ① & ⑦ & ⑧ \\ \end{array} \hspace{-1em} \begin{bmatrix} 0 & 1 & 1 & 1 & 1 & 0 & 0 & 0 \\ 1 & 0 & 1 & 1 & 1 & 0 & 0 & 0 \\ 1 & 1 & 0 & 1 & 1 & 0 & 0 & 0 \\ 1 & 1 & 1 & 0 & 1 & 0 & 0 & 0 \\ 1 & 1 & 1 & 1 & 0 & 0 & 0 & 0 \\ 1 & 1 & 1 & 1 & 1 & 0 & 0 & 0 \\ 1 & 1 & 1 & 1 & 1 & 0 & 0 & 0 \\ 1 & 1 & 1 & 1 & 1 & 0 & 1 & 0 \end{bmatrix} \tag{6-10}$$

分析单元之间的联系，去掉传递关系。

根据因果关系图 6-2，可知，M'_{25}，M'_{36}，M'_{42}，M'_{54}，M'_{65}，M'_{12}，M'_{15}，M'_{16}，M'_{75}存在传递关系，因此令 $M'_{25}=0$，$M'_{36}=0$，$M'_{42}=0$，$M'_{54}=0$，$M'_{65}=0$，$M'_{12}=0$，$M'_{15}=0$，$M'_{16}=0$。

由 M'可知，通过对级间结果分析，存在传递关系还有 M'_{82}，M'_{84}，M'_{85}，M'_{86}，将全部传递关系赋予“0”后，于是得到结构矩阵如下：

$$A' = \begin{array}{c} \\ \\ (2) \\ (3) \\ (4) \\ (5) \\ (6) \\ (1) \\ (7) \\ (8) \end{array} \begin{array}{cccccccc} & & \text{一} & & & \text{二} & & \text{三} \\ ② & ③ & ④ & ⑤ & ⑥ & ① & ⑦ & ⑧ \\ \end{array} \hspace{-1em} \begin{bmatrix} 0 & 1 & 1 & 0 & 1 & 0 & 0 & 0 \\ 1 & 0 & 1 & 1 & 0 & 0 & 0 & 0 \\ 0 & 1 & 0 & 1 & 1 & 0 & 0 & 0 \\ 1 & 1 & 0 & 0 & 1 & 0 & 0 & 0 \\ 1 & 1 & 1 & 0 & 0 & 0 & 0 & 0 \\ 0 & 1 & 1 & 0 & 0 & 0 & 0 & 0 \\ 1 & 1 & 1 & 0 & 1 & 0 & 0 & 0 \\ 0 & 0 & 0 & 0 & 0 & 0 & 1 & 0 \end{bmatrix} \tag{6-11}$$

(2)绘制多级递阶结构图

结构矩阵 A'把单元之间的层次关系描述的非常清楚。根据结构矩阵绘制多级递阶结构图，如图 6-3 所示。

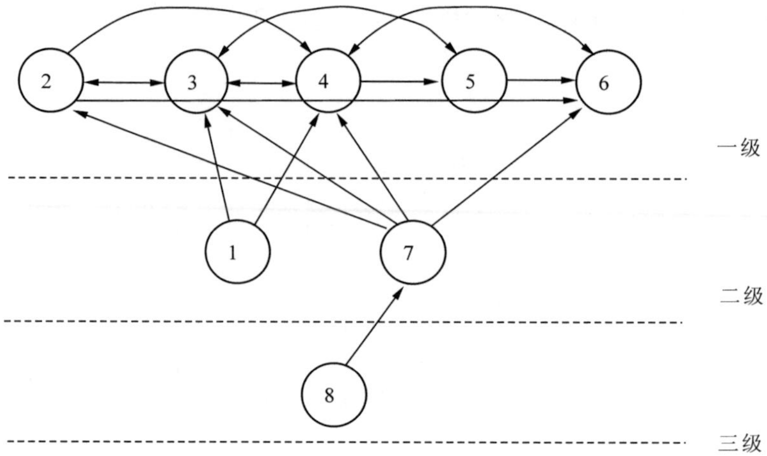

图 6－3　多级递阶结构

6.4　国有林权改革制约因素模型结果解析

由图6－3可知，在黑龙江国有林权改革的8个制约因素中，共分为三级，最根本最关键的问题是第三级因素⑧林业社会化服务体系发育缓慢，其次是第二级因素①现行的林木采伐限额管理制度不合理和因素⑦流转经营林地内的营林道路和防火等基础设施薄弱。这两个因素又同时影响和制约着②森林资源资产评估体系不健全、因素③林地林木流转体系不完善、因素④林业投融资实行难、因素⑤流转后经营者资金短缺和因素⑥森林保险制度缺失。其中因素⑧林业社会化服务体系发育缓慢和因素①现行的林木采伐限额管理制度不合理两个制约因素是刚性的，亟待在改革过程中解决。

综上可知，通过结构解析模型分析得出的结论与专家的定性分析和黑龙江国有林权改革的实际情况基本一致。针对这些问题所处的不同层次和彼此之间的相互影响关系，以及这些影响因素对黑龙江国有林权改革的影响强度，可以制定出相应的配套政策。这就为深入研究黑龙江国有林权改革，了解问题根源，进而提出有针对性的解决办法提供了依据。

6.5 小结

如何走出黑龙江省国有林权改革瓶颈，关键是找出影响和制约国有林权改革的因素。本章首先借鉴了国内相关学者对伊春国有林区林权改革和南方集体林权改革的研究观点，通过广泛的调研、座谈及讨论确定了黑龙江省国有林权改革的制约因素：现行的林木采伐限额管理制度不合理，森林资源资产评估体系不健全，林地林木流转体系不完善，林业投融资实行难，流转后经营者资金短缺，森林保险制度缺失，流转经营林地内的营林道路和防火等基础设施薄弱，林业社会化服务体系发育缓慢。

结构模型解析法(ISM)是一种根据研究目的，诊断系统内部结构、层次及其因果关系，通过建立递阶结构模型，运用以数学理论和心理学理论为工具，把定性判断和定量计算结合起来的研究方法。本章采用考虑具有不同影响强度的ISM诊断模型，对国有林权改革制约因素的内部结构、层次及其因果关系进行诊断，据此为全面实施国有林改革提供依据。

Chapter seven

第 7 章 黑龙江省国有林权改革宏观配套政策

根据第四章黑龙江省国有林权改革的现状调查及效果分析和第五章林权改革效率评价结果，结合第六章林权改革制约因素分析，有助于厘清和深化对现存问题的认识，本章从宏观角度对黑龙江省国有林权改革提出配套政策建议。

7.1 经济扶持政策

林业的经济扶持与其社会经济发展过程密不可分。一般在发展初期，大多以开发利用为主，从林业获取各种生产与生活资料；随着经济的发展以及对林业认识的深入，人们对林业保护意识逐渐增强，开始以各种经济手段来扶持林业。林业的经济扶持主要指财政上的林业预算、财政补贴、提供政策性森林保险和信贷政策上安排特定的资金来源、提供低息和贴息贷款、适当延长贷款期限等。

7.1.1 政策性森林保险形式的经济扶持

随着国有林权制度改革的不断深入，中央政府高度重视并积极探索政策性森林保险，以促进林业可持续发展。政策性森林保险是国有林权制度改革背景下国家支持承包户的一项重要经济扶持手段。

由于森林生长的特殊性以及遭受风险时损失分布情况，决定了森林保险的相对复杂性和技术性强等要求。因此，国家要通过保费补贴等行政手段来引导国有林承包户参加保险，扩大森林投保面积，同时为保险公司提供技术和服务平台。林业主管部门也要发挥灾情防控和专业技术优势，指导承包户做好日常灾害预防工作。一旦发生险情，及时向保险公司提供辖区内灾情、灾害发生、损失情况等信息。这样才能发挥好防范林业生产风险，支持林业可持续发展的作用。

7.1.1.1 森林保险标的和责任范围

国有林权改革后，政策性森林保险的标的物应为承包户经营管理正常的商品林。

目前，流转后的国有林面临的主要风险是火灾、暴雨、暴风、洪水、泥石流、冰雹、霜冻、台风、暴雪、雨凇、虫灾等多种自然灾害。因此政策性保险责任范围应以上述人力无法抗拒的自然灾害为主，根据各流转试点区成灾特点和承包户意愿，开发设计有潜力、受欢迎的保险产品。[115]例如，可单独选择火灾责任，也可以选择火灾及其他几种对本试点区林业生产经营影响较大的自然灾害列入本地政策性森林保险范围，提高森林保险的针对性和有效性。

7.1.1.2　森林保险金额和利率的确定

政策性森林保险的保额和费率设定应遵循“低保费、保成本、广覆盖”的原则，既要考虑从事林业生产经营的承包户的缴费能力和基本保障需求，又要考虑保险公司的风险防范水平和稳健经营，防止超出双方的承受能力。保险金额原则上为林木损失后的再植成本，包括郁闭前的整地、苗木、栽植、施肥、管护、抚育等费用，具体由地方政府和保险公司按市场原则协商确定，范围可在每亩300～800元之间。保险费率应综合保险责任、林木多年平均损失情况、各试点区风险水平等多种因素科学厘定。

7.1.1.3　建立森林保险巨灾风险的分散机制

国有林流转各试点区应积极探索建立森林保险风险分散机制。保险监管部门、林业主管部门要积极推动森林巨灾保障机制的建立，保险公司应提足各项风险准备金、积极利用再保险等市场机制化解经营风险，建立超赔风险分散机制，提高政策性森林保险的抗风险能力。

综上，为国有林改承包户提供政策性森林保险，既能够有效保护其森林资源，积极分散林业风险，保障国家生态安全；又能巩固国有林权制度改革试点成果，促进承包户就业增收，对深化国有林权制度改革提供政策保障。

7.1.2　财政补贴形式的经济扶持政策

财政补贴形式的经济扶持是指国家建立相应的机制，对经营管理国有林的承包户进行造林、森林抚育等补贴。根据调研组深入到国有林流转试点的各国有林场实地调研得知，国有林权改革后，6个试点林业局11个国有林场中，流转到承包户手中的国有商品林，国家没有任何的财政补贴，然而当问及“是否需要国家财政补贴”时，95.6%的被调查承包户回答“非常需要”。因此，国家的财政补贴对于国有林承包户日后的生产经营而言至关重要，补贴种类可以分为造林补贴和森林抚育补贴。通过财政补贴形式对承包户进行经济扶持，能够为林业创造良好的投资环境。

7.1.2.1　提供造林补贴形式的经济扶持

以提供造林补贴形式的经济扶持对于鼓励国有林承包户造林投资，增加收入，促进商品林发展，缓解国家木材供需矛盾，以及黑龙江省生态建设都具有重要的积极意义。

(1)造林补贴应遵循的原则：一是谁造补谁的原则，即国有林承包户在疏林地、无林地、采伐迹地上进行人工造林和更新，经验收合格后均可享受补贴；二是公开原则，即林业主管部门对承包户进行造林的地点、造林面积、树种以及质量要求等情况进行公示，接受社会和群众的监督。

(2)造林补贴的对象：使用先进技术培育的良种苗木在疏林地、宜林荒地上进行人工造林和采伐迹地人工更新，面积不小于1亩(含1亩)的国有林承包户。

(3)造林补贴的标准：造林补贴既要考虑符合市场经济运行规律，又要建立公平合理、具有可操作性的补贴标准。为此，补贴标准可依据林木种类确定，每亩补助在100～200元左右范围内。例如：乔木林和木本油料经济林每亩补助200元左右，灌木林每亩补助120元左右，水果、木本药材等其他经济林每亩补助100元左右。

(4)造林补贴的拨付：国有林承包户完成当年造林任务后向当地林业主管部门提出造林成活率验收申请，林业主管部门依据造林作业设计、检查验收技术规定等组织检查，达到规定要求的，拨付给承包户造林补贴资金的50%～60%。承包户完成造林任务3年后，由省林业厅组织具有林业调查设计院，依据《造林技术规程》、经批复的造林作业设计等，检查造林保存状况，出具验收报告。验收合格的，拨付造林补贴资金余下的40%～50%。

7.1.2.2 提供森林抚育补贴形式的经济扶持

据调研组深入国有林流转各试点国有林场，流转的国有林中中幼龄林面积为28603.5公顷，占林分总面积的72%。因此通过抚育补贴形式鼓励国有林承包户加强中幼龄林的抚育经营对于提高森林质量、增加森林蓄积、增强森林碳汇功能具有重要作用。

(1)森林抚育补贴应遵循的原则：国有林流传承包户进行中幼龄林抚育时，当地林业主管部门要对抚育补贴政策、承包户抚育任务和资金安排以及抚育主体进行公开公示，主动接受群众监督。

(2)森林抚育补贴对象：对流转国有林中的中幼龄林进行间伐、修枝、除草、割灌、采伐剩余物清理运输、简易作业道路修建等抚育事项、抚育面积不小于1亩

(含1亩)的国有林承包户。

(3)森林抚育补贴标准：森林抚育补贴同样既要符合市场经济运行规律，同时要建立科学、可操作性强的补贴标准。为此，森林抚育补贴标准应为100元/亩左右。

(4)森林抚育补贴的拨付：补贴资金用于中幼龄林抚育有关费用支出，包括间伐、修枝、除草、割灌、采伐剩余物清理运输、简易作业道路修建等生产作业的劳务用工和机械燃油等费用。补贴资金分两次拨付，当国有林承包户对抚育任务向当地林业主管部门提出抚育申请，经林业主管部门依据森林经营方案确认，拨付补贴资金的40%，然后完成抚育任务时，向林业主管部门申请，经核查验收合格，拨付剩余抚育补贴资金的60%。

7.1.3 信贷优惠形式的经济扶持政策

第六章制约国有林权制度改革顺利进行的重要因素之一，即林改后承包户资金短缺问题。林业生产周期较长，资金循环较慢，资金占用时间过长，因而贷款利息较高，贷款金额过低，这严重制约着国有林业的融资和发展能力。调查显示，76.3%的承包户遇到了生产经营资金不足问题，同时，91.2%的承包户愿意进行林权抵押贷款已解决资金短缺。由此可见，承包户的林业融资需求十分强烈。

信贷优惠形式的经济扶持政策应该随着国有林权制度改革的不断深化，从改革和发展的角度，结合不同时期的客观条件和发展水平由近至远、先易后难，分层次、分步骤地解决。即：近期由财政资金为主要推动力，向承包户提供贷款担保，破解当前融资问题；中期应以林权证抵押贷款为主要模式，扩大林改贷款规模，增强承包户经营实力；远期根据林业规模化、产业化经营的趋势，通过引入林业资产证券化等多元化融资模式，促进国有林业跨越式发展。

7.1.3.1 近期为承包户提供政策性担保

近期充分发挥政策性担保机构信用放大作用，将政府的林改收益(或财政资金)注入财政出资的信用担保公司，专项用于为承包者提供贷款担保和贴息，金融机构按照担保资金运作原则，放大贷款额度。这样一是可以快速、直接、有效地满足林改资金需求；二是由金融机构运作，避免政府直接介入市场运作，可以在最大程度上规避风险，保证财政资金的保值增值；三是通过担保贷款和贴息方式可以对各方形成恰当的激励与约束，提高资金使用效率。

7.1.3.2 中期实行林权抵押贷款

中期各金融机构积极对林业推进林权证抵押贷款，承包户小额信用贷款和承包户联保贷款等期限长、利息低的信贷扶持政策。林权抵押贷款模式可采取合作经济组织＋金融机构＋承包户模式、承包户＋担保公司＋金融机构模式、承包户＋金融机构模式、直接扶持承包户的林业小额贴息贷款模式、小额循环贷款模式等。

具体贷款期限金融机构可根据林木生长周期、林权证期限、资金用途及风险状况，合理确定，通常林业贷款期限可确定为10年，具体期限由金融机构和承包户根据实际情况协商确定。

对于贷款利率，金融机构根据市场经济原则，非类别合理确定。林权证抵押贷款利率一般低于信用贷款利率；小额信用贷款、承包户联保贷款等，贷款利率原则上不超过中国人民银行规定的同期限贷款基准利率的1.3倍。同时政府要增加林业贴息贷款、扶贫贴息贷款等贴息力度。

随着国有林权流转面积的逐渐扩大，应及早做好林权抵押贷款登记管理办法和林权抵押贷款抵押品管理办法等有关规范性文件实施细则的制定及落实，从制度上保证林改贷款的规范性和可操作性。同时，尽快在资源林业行政主管部门成立抵押贷款管理中心，做好抵押物的审核、评估、登记，以及核发林木他项权证和评估报告的各项准备工作。[116]

7.1.3.3 远期引入多元化融资模式

远期鼓励符合条件的承包企业通过证券交易所发行各类债券类、股票类融资工具，募集生产经营所需的资金，鼓励业绩好的承包大户按市场化运行规律，参与发行集合债券。同时可发行类似"惠林卡"，依托"惠林卡"积极开展林业多元化融资模式。

7.2 林权管理法律政策

林权管理是为合理开发利用林地资源，维护森林、林木和林地所有者和使用者的合法权益，因此，主要包括确认森林、林木和林地的所有权或者使用权，核发林权证，办理变更登记，调处林权纠纷等内容。

7.2.1 稳定林权，充分发挥林权证效用

稳定林权就是要发挥林权证的法律效力。林权证是依法经县市级以上人民政府批准核发，由林权人持有的确认森林、林木所有权和和林地使用权的法律凭证，林权权利人可以通过林权证申请林木采伐、征占用林地，同时进行林权抵押贷款和林地林木流转，此外林权证也是调处林权纠纷的法律依据。林权证上注明了林地范围、面积、林木蓄积等森林资源情况，以及林地使用权、森林林木所有权等权利主体。林权证规定了林权权利人拥有森林、林木和林地的合法权益。

充分发挥林权证效用，政府要致力于建立长期有效的林权制度，稳定收益预期；加强对林权的实体保护，确保权益实现；拓宽林权证在保险、担保和抵押贷款、股份合作等方面的功能，使其具有相对比较优势。

7.2.2 发证规范操作，确保权证相符

林木所有权和林地使用权的登记发证是国有林权管理的重要组成部分，对于保护森林资源，明晰林业产权，减少林权纠纷，实现森林资源有序流转，保护经营者的合法权益具有重要意义。黑龙江省国有林权制度改革在确权发证过程中，按照"摸底造册——公示——制定林改方案——勘察——再公示——签订合同——林权权利人申请发证——审核——登记——发证前公示——发证——建档"12 个步骤实施操作，并规定林权权利人申请林权登记时，需提交①林权登记申请表；②个人身份证明、法人或者其他组织的资格证明；③法律、法规规定的其他相关文件。

确权登记发证过程要求操作规范，避免发错证，确保发证到位，使权利主体、客体和内容相匹配，做到"林证相符、权证相符"。

7.2.3 完善林权变更注销登记制度

林权变更是指林权主体的变更、林权客体的变更和林权内容的变更。林权主体的变更是指林权主体丧失林权。林权客体的变更，分为两种情况，一种是林权的客体与林权主体相分离，且其他主体也没有取得林权，如森林火灾；另一种是林权客体与原林权主体分离后，又与其他主体相结合，这就是林权流转。

由于林权客体时刻在变动、林权权能可以分解和组合，因此需要林权变更注销

登记，明确林权变更注销的类型、行政机关、申请材料、申请主体和等级要求。

①林权变更登记原则。林权变更登记原则上与二类森林资源调查同步进行，征占用林地或林地流转等情况，可及时办理林权变更登记手续。

②变更登记类型。以下五种类型，需办理林权变更登记：一是因森林、林木和林地发生征用占用、转让、合资合作、股份合作等情况，引起权属主体、客体和内容发生变更的；二是因政府组织的移民搬迁，林权随移民转移的；三是因交换、调整而发生的林地使用权和林木所有权变更的；四是因抵押财产而取得林地、林木使用权的；五是企业因经营问题被拍卖因此的林木所有权或林地使用权变更的。

③注销登记类型。依法征用、占用或因自然灾害等造成林地、林木灭失的；国有林地使用权出让或租赁期满，未申请续期或未获得批准的；改变国有林木、林地权属和用途的。

④注销登记要求。对登记材料、登记期限、登记地点作明确要求，对登记人的要求要有弹性。原则上要求林权权利人必须亲自办理，特殊情况不能出席的可委托其他人办理；对征用林地林权消失的，林业部门在征占林地审核中已有备案，只需征占林地单位统一收集林权权利人的相关材料办理注销登记。林权权利人未按规定申请变更注销登记手续的，林权登记机关可以直接办理注销登记手续，原林权证自动废止。

7.2.4 加大林权管理法律力度

依据《森林法》的规定，构成盗伐林木行政案件，除依法赔偿损失以外，由林业主管部门责令补种盗伐株数10倍的树木，没收盗伐的林木或者变卖所得，并处盗伐林木价值3倍以上10倍以下罚款。依据《刑法》规定，盗伐林木，最高可以处7年以上有期徒刑，并处罚金。上述说明，无论是在行政上还是刑事上，对盗伐林木的处罚都是严厉的，但对林权人损失的民事赔偿规定却过于笼统，很难适用法律，弱化了林木财产权保护力度。

因此，国家需要制定相应的法规和黑龙江省规章制度，对盗伐林木损失赔偿标准作出具体明确规定，并规定森林公安机关在处理盗伐林木行政案件时，先民事赔偿再行政处罚。同时规定烧毁、损毁他人林木资源行为具体的损失赔偿标准，只有这样，才能有效地保护经营者合法权益。[117]

7.3 科技服务政策

完整系统的林业科技服务活动由主体、对象、两者间的传导中介以及技术客体组成。主体即技术服务推广的实施者；对象为技术推广服务的对象——国有林权制度改革后的承包户；技术客体指测土施肥技术等；传导中介是连接主体与对象的组织或个人。所有这些实体构成了完备的技术推广机制(图 7－1)。

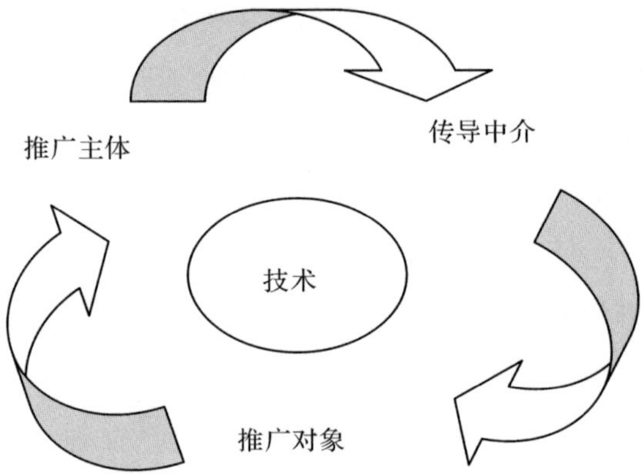

图 7－1 林业科技服务推广机制图

7.3.1 改革科技创新体制

创新和扩散式科学技术的两个层面，扩散存在于已有的林业科学技术，由最初的少数人采用到后来的大多数人普遍采用的过程；特定技术的针对性和较高的技术市场门槛决定了外来技术的难以获得性或不具备因地制宜的适用性，使得科技创新尤为重要。

制度经济学中，科技创新分为强迫性创新和诱致性创新。国有林权制度改革后，建立科技立项制度属强迫性科技创新，而以企业为主体的科技创新更偏于诱致性创新。

(1)建立科技立项制度

科技立项制度是一种依托政府财政的技术研发方式，林业科技作为一种公共产品，具有非排他性和非竞争性，单纯依靠市场无法向林业提供最优的科技投资量，这就需要政府通过科技立项制度，资助和支持国有林权制度改革后承包户的林业科技创新。

(2)构建企业科技创新主体地位

制度经济学认为，诱致性科技创新是指一项新因素的出现引发科技创新，其带来的收益大于创新成本。在政府不干预的情况下，科技创新总是由市场上的生产要素价格变动或是市场需求引致的。因此，诱致性科技创新是以充分的市场供求机制和价格机制为前提的，否则，政府要进行干预。

作为科技的最终接受者和受益者，应该鼓励林改承包户的自主创新或与高校及科研机构的产学研结合，再加以政府的因势利导。

7.3.2 构建科技推广服务体系

林业科技推广服务是一种有目的、有组织的政府行为。科技扩散可以通过科技推广等途径来改变林改承包户的行为得以实现。科技推广服务体系由科技推广主体、科技推广客体、科技推广中介以及科技推广方式构成。

7.3.2.1 科技推广主体

林业科技推广服务的实施者，大体有3种类型：一是以政府推广服务机构为主导的林业科技推广形式；二是政府领导、各林业高校、科研机构参与林业科技推广形式；三是政府补贴、林业协会组织的林业科技推广形式。目前，黑龙江省国有林权制度改革后，比较适用第一种类型，即以政府为主导的推广类型。

7.3.2.2 科技推广客体

黑龙江省国有林权制度改革后，承包户在林业生产经营过程中，急需林业科技客体：包括林下经济种植、养殖的实用技术、抗松毛虫害转基因技术、测土施肥技术、造林技术、种苗培育技术、森林火灾扑救尝试、林木采伐规划、红松高效经营技术、森林植物检疫、林业有害生物防治技术等各项林业培育、经营、防病虫害技术。

7.3.2.3 科技推广中介

国有林权制度改革后，随着承包户对新技术的采用即技术在承包户间的扩散，即某项新技术从最初率先采用者向外传播，扩散到越来越多的采用者，直到新技术得到普及应用，最终促进林业技术的进步。市场经济条件下，林业新技术采用日益与市场因素和增收紧密联系在一起，其中技术领先者和最先采用者，在技术推广中起着重要的作用。林业科技推广中介是一个承接技术的平台，也是技术扩散的平台，平台搭建的好坏与否，直接影响着技术推广的效率和结果。如图 7－2 所示，科技推广平台即林业科技推广服务体系的第三级，包括林业科技人员、各种专业协会、示范点等个人或组织。他们发挥着林业科技传承、纽带、示范和辐射作用。

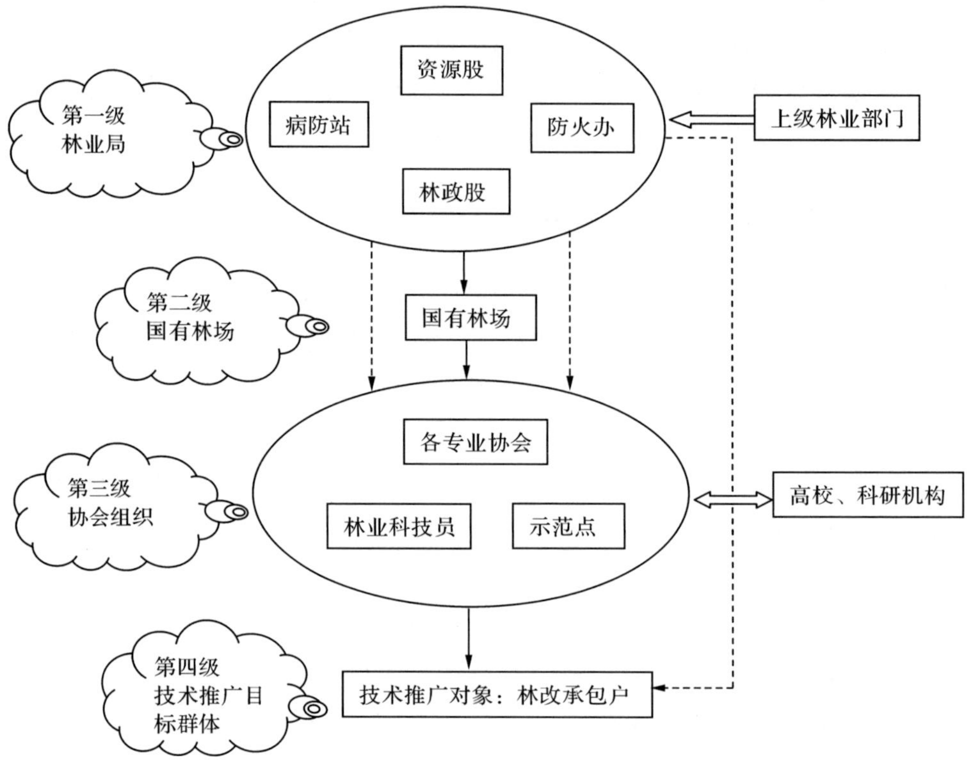

图 7－2　林业科技推广服务体系

7.3.2.4　林业科技推广方式

国有林权制度改革后，承包户迫切需要经营林业的技术，此时，要根据承包户需求提供相应的咨询服务。

(1)创办林业服务热线“96677”。“96677”林业服务热线是一种综合性、多功能的林业社会化服务方式，通过电话、网络等通讯手段，采用电话问答、函件咨询、网络咨询、现场指导等方式，直接面向承包户，无偿为承包户开展林业科技、信息、政策、法规咨询服务，帮助解决技术问题。同时，接受有关林业技术性案件的电话投诉等。

(2)开展送科技到承包户活动，普及林业科技知识。定期组织各市县林业科技推广机构，根据本地区林业特点和承包户对林业科技的具体需求，组织科技人员深入到承包户开展形式多样的送科技活动。

(3)推进科技与林业生产紧密结合，进行示范推广工作。遵循科技发展规律，充分挖掘和整合科技资源，一方面对自主创新的科技成果要进行组装配套，积极推广；另一方面要引进、吸收和推广优秀科技成果，特别要筛选、储备一批适应黑龙江省国有林经营发展的、科技含量高的、效益明显的大项目，以大项目带动林业发展。各级林业科技推广机构要紧紧围绕林业两大体系建设，以资源培育为中心，以项目为载体，集中力量对先进适应的技术进行组装配套，推广技术先进、见效快、效益显著的林业科技成果。可以通过建设林业科技示范园区、林业标准化示范项目等方式进行推广和示范。

7.3.3 林业科技采纳者能力建设

林业科技使用者和受益者即承包户可概括为两种，一种是林业企业，一种是个人(林业职工或社会人)，进行林业科技推广对象的能力建设可以从两个方面入手，一是加强对既有科技成果的接受和转化能力；二是加强其自我研发能力。同时作为科技使用者，林业企业可能更侧重技术的创新和研发，而承包户个人作为较弱的经济个体，缺乏自我科技研发和创新的能力和机会，更侧重于技术的接纳和参与式采用。

无论是林业企业，还是个人，技术采纳能力和自身素质决定了技术扩散结果的最终实现环节。文化水平较高、生产经验较多的承包户比较容易接受新技术，而素质较低的承包户则往往在技术采纳上有一个时滞期。当然，解决承包户自身素质禀赋是一个漫长的过程。可能经过努力也会存在差距，但仍应充分重视承包户自身的素质建设，可以采取多种形式多种措施开展普及型的、基础性的培训和讲座，可以邀请相关专家为承包户上课，及时更新知识，提高理论和业务水平。[79]

7.3.4 引进林业科技特派员制度

国有林权制度改革后，承包户在单独进行林业生产经营情况下，对技术服务的要求不断提高，投资新技术的积极性也在上升。在这种情况下，引进林业科技特派员制度，能够适应大多数承包户小规模经营的现实，在林业科技和供给之间搭起一座桥梁，能够解决林业技术供给和需求之间难以对接问题。

林业科技特派员制度，最为一项满足广大承包户对林业科技需求的制度安排，将林业技术服务的中心下移，利用经济手段调动各个科技部门相关科技人员工作积极性，让科技人员和承包户结成利益共同体，这样，不仅能使科技人员的科学技术知识产生物质回报，同时适应承包户风险规避的特性，加快技术扩散的速度和幅度。

7.3.4.1 “双向选择”下派方式

为了满足承包户对技术的需求，同时调动科研人员工作积极性，发挥科技人员的专业特长，在选派林业科技特派员时采取“双向选择”方式。首先，对某地区相关科技人员进行摸底，掌握其专业特长，并进行分类，同时在信息网站或公告栏发布科技特派员的相关信息和资料，然后根据各地区产业结构和实际情况，确定承包户的主要技术需求。一方面通过下派方式，直接将林业科技特派员下派到能发挥其特长的国有林场，对承包户进行技术指导和培训；另一方面，承包户可以通过网站信息和公告选择特派员，直接联系洽谈，实现科技特派员与承包户的对接。

为调动科技特派员的积极性，同时约束其行为，节省科技特派员管理部门的监督和管理成本，实现科技需求和供给的有效对接，要求科技特派员与驻点林场签订服务合同，明确规定签订双方的权利、义务和责任。

7.3.4.2 有偿服务模式

利用“双向选择”方式将林业科技特派员派下去之后，服务模式有两种：无偿模式和有偿模式。有偿模式不仅能增加科技特派员自身的收益，实现自身价值，还能调动其工作积极性，有利于科技特派员扎根国有林场，保持长期对承包户进行有效地科技指导和培训。有偿服务模式有承包型、技术入股型和实体创业型三种，这三种有偿模式都与承包户结成利益共同体，通过与承包户直接接触，向承包户传递先进的生产技术，实现技术供需结合。

7.3.4.3 矩阵型结构管理

市场经济条件下，随着林业经济的发展和产业结构调整，承包户对林业技术的需求趋于复杂化、多样化，同时技术专业化的不断增强，单个科技特派员已经无法有效地提供承包户所需要的全部技术。因此，为满足承包户综合性技术服务的需求，按照行业，将科技特派员分成各种类型，并将所有特派员都编入相应的行业科技服务组。而每个科技特派员又来自不同的科研机构，这种情况下，他们既要听从原单位的安排又要服从行业科技服务组的调度，开展跨区域服务和联动服务。

这种矩阵型有机管理结构，一方面，对科技特派员进行专业化管理，有利于科技人员技术交流和技术水平的提高，发挥规模优势；另一方面，按照行业进行统一管理，有利于发挥团队优势，满足承包户各种技术需求。这种结构具有很强的弹性，能适应承包户对技术需求的各种情况。

7.3.4.4 构造"宝塔式"科技传导网络

随着市场经济的推进，承包户对新项目、新技术的需求越来越多样化，这就要求林业科技特派员的技术知识必须经常更新，因此，需要科技特派员不断到高等院校和科研院所继续进修和接受培训。同时，要真正实现技术的变迁，必须培训承包户，提高承包户素质，塑造大量承包户科技人才。这样，科技特派员在林业现代生产技术普及中就起到了关键的桥梁和纽带作用。建立以高等院校和科研院所为依托，以广大林业科技工作者、科技特派员为主体，以大量承包户中科技人才为基础的"宝塔形"科技传导网络，能够实现"科林携手"的良性循环。一方面，科技特派员从高等院校和科研院所学到先进的生产技术，然后传给广大承包户，同时培养大量的承包户科技人员；另一方面，科技特派员将承包户的需求向上反馈给高等院校和科研院所，架起了技术供给和需求之间有效沟通的桥梁。[79]

7.4 林业社会化服务体系建设

国有林权制度改革后，建立了经营主体多元化，责、权、利相统一的国有林经营管理新机制。但以承包户为单位的小规模林业生产，迫切要求专业的林业社会化服务体系承担起技术指导、信息服务、联系市场等综合服务，将林业产前、产中、产后诸环节联系起来，以保障林业稳定、持续发展。

7.4.1 林业社会化服务内容

林业社会化服务体系是林业发展到一定程度，适应多层次市场需求而产生的。林业社会化服务指的是经济技术部门、乡村合作经济组织和社会其他方面为林业发展所提供的各种服务。林业社会化服务是指为林业发展提供产前、产中和产后服务的服务组织和活动的组织。[118]

林业社会化服务主体包括政府、政府专业经济技术部门、社会中介服务组织、基层经济组织及各种林业协会；服务对象主要是国有林改后的承包户；服务内容包括科技、信息、资金、政策法律、基础设施建设、产品供销、林权流转、风险防范等(表7－1)。

表7－1　林业社会化服务内容表

服务主体		服务对象	服务内容
政府		国有林改后承包户	林区基础设施建设 防火、防盗、防病虫害及检疫 信息化建设 林业区划
政府专业技术部门	科技推广机构 林业种苗中心 林业工作站 金融保险机构	国有林改后承包户及经营者	科技指导、推广、示范 优质种苗监管、技术指导、调剂和供应 法律、科技、信息服务 融资担保、贷款抵押、保险等
社会中介服务组织	规划设计院 森林资产评估公司 林权交易机构	国有林改后承包户及经营者	规划设计、木材检测 森林资产评估 林权流转
基层经济组织及各种协会	基层经济组织 合作经济组织	组织内成员	提供信息、组织生产、寻求销售市场、实现自我服务
	林业综合协会、专业协会	协会会员	维护行业合法权益、参与制定产业政策、行业自律、收集发布市场信息、连接政府、企业和承包户

林业社会化服务内容十分广泛，涵盖了林业生产全过程，具体内容包括：①产前服务，为林业生产所必需的生产资料、资金、信息咨询等提供服务。主要有林业技术教育和培训服务、科技推广和咨询服务、林业政策法律咨询服务、林产品市场信息服务、林地林木流转服务、筹资融资、抵押贷款、保险、提供优质种苗等必要生产资料；②产中服务，为林业正常生产经营提供的服务。主要有林地规划设计、

造林抚育设计，采伐更新作业设计，育种育苗、征地造林、抚育间伐、林地更新的技术指导，森林有害生物和火灾预防，林地林木资产评估，木材检测，林木采伐等服务；③产后服务，为林产品收购、储运、加工销售等提供的服务。[117]

7.4.2 服务体系建设原则

(1)坚持政府主导与市场引导相结合原则。遵循林业自身特点和林业服务规律，突出政府在林业社会化服务体系中的主导地位，转变政府职能，强化服务意识，巩固林业社会化服务基础，提高林业服务效率。充分利用市场机制在资源配置、利益分配中的作用，加强组织和制度创新、引导、鼓励和支持各种林业中介组织、专业协会和林业经济合作组织，扩大服务覆盖面，依法监督管理。

(2)坚持重点突破与全面带动相结合原则。林业社会化服务体系建设涉及多方面，不可能一步到位，因此需要集中财力物力首先抓好主要问题，解决主要矛盾，并且不同阶段、不同地区要因地制宜。同时，兼顾其他次要问题、次要矛盾，全面带动、逐步解决。

(3)承包户自愿接受服务原则。政府和服务组织在开展服务时，要结合承包户需求，通过提高服务质量和服务效益来吸引承包户。承包户对提供的服务采取自愿接受原则。[117]

7.4.3 完善林产品生产经营的组织体系

国有林权制度改革后，由于存在众多的经营主体，难以在林产品生产、加工和销售过程中适应激烈的市场竞争。作为经营主体的承包户，较为分散，尚不成熟，缺乏对市场的理性思考和选择，难以对市场做出长远的分析和预测；他们只是按照自己的方式进行生产经营，难以实施标准化，更不会执行国际标准(如 SPS 标准)，竞争能力不强。因此要从提高组织化程度、优化组织结构入手，建立起符合市场竞争需要的组织体系(图 7-3)，提升国有林业产业发展水平。[119]

7.4.4 建立健全林业专业合作组织体系

根据黑龙江省国有林业发展的实际需要，借鉴国外专业合作组织的成功经验，可以将林业专业合作组织建立成纵横交错、功能齐全的多层次组织结构。[119]

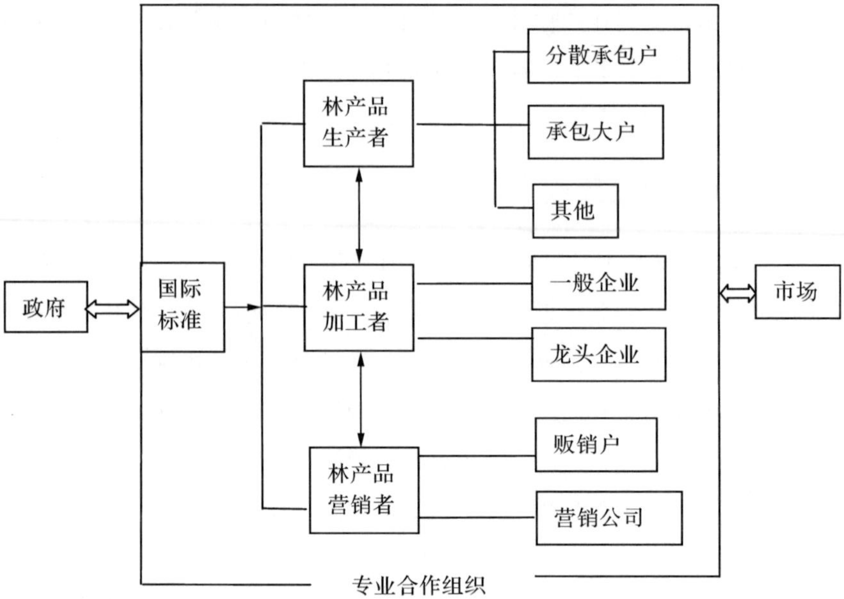

图 7－3　林产品生产经营组织体系框架

①横向组织结构。为解决承包户在林业生产经营过程中所面临的问题，形成的各种不同专业组织。主要有两种类型，一是直接围绕林业生产活动服务的、在承包户间自发形成的合作小组或联络会，二是围绕产前、产后服务的合作小组，有利于降低承包户小生产盲目性。

②纵向组织结构。在横向组织结构基础上，由林业局或国有林场林业科技人员组成，对不同类型的基层林业专业合作组织具有协调、指导和监督管理作用的多层次民间合作经济组织(图 7－4)。

7.4.5　健全林业社会化服务组织网络

以国有林场合作经济组织为基础，以政府专业经济技术部门为依托，以承包户自办、联办的自发服务组织为补充，形成多成分、多形式、多层次的林业社会化服务网络。

①以国有林场合作组织为基础。根据各地实际情况，在国有林场建立承包户急需的林业专业化服务组织。

②以政府专业技术部门为依托。在政府专业技术部门基础上建立健全林业正常

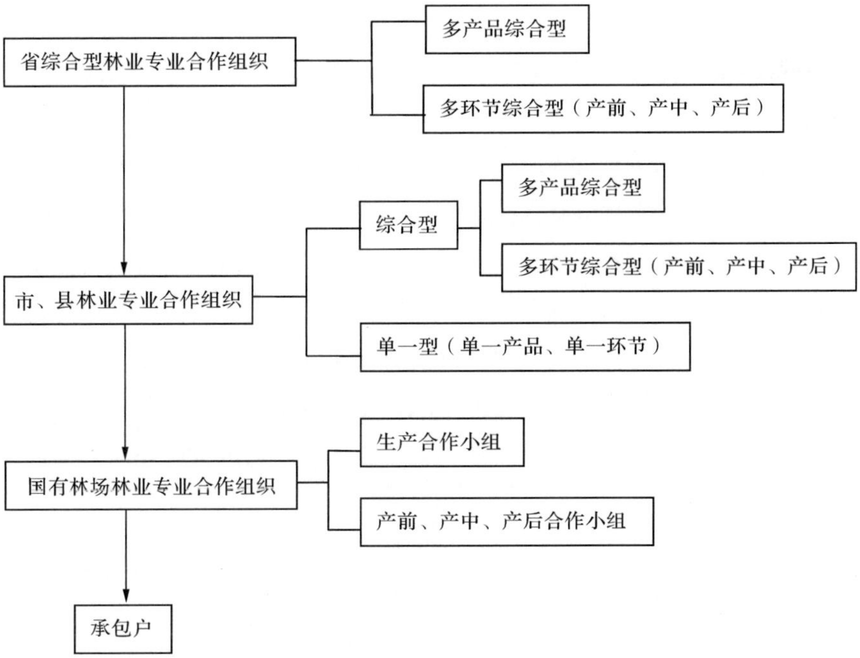

图7－4　林业专业合作组织体系

咨询、技术推广等林业专业服务组织，定期组织专业人员为承包户提供技术咨询等服务。

③以承包户自办、联办的自发服务组织为补充。承包户自办、联办的服务组织，以各种协会、研究会为主，在林业社会化服务中起到不可忽视的补充作用。[120]

7.4.6　强化服务体系人才队伍建设

林业社会化服务效益取决于服务质量，服务质量取决于服务人员的素质，因此要使林业社会化服务体系健康发展，搞好产前、产中、产后的系列化服务工作，一方面政府要重视林业专业人才培养，采取优惠政策吸引学生报考林业大中专院校，并多方面吸引留住人才；另一方面要加强对服务人员的职业培训和相关知识学习，不断提高人员理论素养和服务技能。[117]

7.5 小结

本章在上述章节研究的基础上，提出了黑龙江省国有林权改革的宏观配套政策。这些政策包括以政策性森林保险形式、财政补贴形式、贷款优惠形式的经济扶持政策；稳定林权、充分发挥林权证效用，发证过程规范操作、确保权证相符，完善林权变更注销登记、林权争议调处制度，加大林权管理法律力度等林权管理法律政策；构建科技推广服务体系，林业科技采纳者能力建设，引进林业科技特派员制度等科技服务政策，以及完善林产品生产经营组织体系、建立健全林业专业合作组织、健全林业社会化服务组织网络、强化服务体系人才队伍建设等社会化服务体系建设。

Chapter eight

第 8 章 黑龙江省国有林权改革微观配套政策

8.1 森林经理的经营政策

森林经理的经营政策就是运用生态系统方法将森林经理技术运用到森林经营中，实现森林的可持续经营。

这里的生态系统方法是一种综合方法，概括起来，

(1)森林经营融入人类价值观和从社会方面定义的目标，强调可持续性及未来世代。因为，人类越来越关注森林状况的维持而不是森林的产出，关注生态系统整体性在景观水平被维持，要求维持森林的全部价值以满足社会广泛的需求。

(2)森林经营以生态学原理为指导。①重视等级结构，即经营者在任一生态水平上处理问题，必须重视所有等级之间的联系；②广泛的空间规模和长的时间尺度，关注生态边界，明确划分到合适的规模，在景观和多世代的框架里实现森林的价值；③维持森林生态系统格局、多样性类型，保护生物多样性；④置森林经营于自然干扰的环境下，即仿效自然干扰机制。

(3)公众参与、合作森林经营决策。森林经营需要在所有者之间建立合作伙伴关系，通过公众参与合作，维持生态系统生产力。

(4)适应性经营。将森林经营视为一系列的实验，并从中获取新的知识和经验，不断调整、修整森林计划、森林监测、森林评价和森林调节等一系列行动。

8.1.1 森林调查方面

森林调查是改进森林计划方法和森林经营决策的基础。目前森林调查侧重于森林面积和蓄积量的存量和消长变化情况，缺乏环境方面的变量，因此迫切需要改进森林调查方法，展开更详细的涵盖环境变量的调查，如林分的详细资料，商业和非商业的森林价值，河流、景观等空间信息，以及森林健康、林地生产力、生物多样性和可持续性方面信息。对此，森林经理中GIS、遥感与地面监测等有利结合将是不错的选择。GIS的地理信息和遥感信息结合可以预测大范围的森林健康和生态因子变化情况。建立森林环境监测体系中，地面调查结合遥感，能够得到地面调查成果、航片和卫片判读信息。

8.1.2 森林经营计划方面

森林经营计划能帮助经营者对森林开展有导向的经营，有助于森林经营者从短期的危机管理转向长期的森林可持续经营，并使森林经营连贯和可持续。

森林经营计划包括长期计划(10 年以上)、中期的森林经营方案(10 年)、短期计划、(操作计划 1 年或 1 年以上)。

8.1.2.1 森林经营方案制定

森林经营方案的制订是森林经营计划的重点，但同时也要考虑平衡长期计划和短期计划，选择在时间和空间上能最好地满足长期和短期目标的森林活动组合。森林经营方案中包含森林收获的时间安排、生态和游憩项目、道路建设等。

森林经营方案主要内容包括：

①森林经营单位和周边状况描述。一是对前期森林经营的评估，总结经营的成败及改善经营的机会；二是描述森林及社会经济和环境状况，包括地理位置、林地使用权和所有权关系，地形地貌、地质和土壤情况、气候、灾害等环境条件，林地及植被类型，森林数量和质量，不同物种生境的位置和量，溪流和敏感河岸生境的位置，游憩和道路，木材和色你了呢的更新掩体，营林情况，劳动力和设备，有关森林的乡土知识。

②制定森林经营单位的经营规定。包括森林建立、培育的营林体系，采伐管理及收获调整，火灾、病虫害的防治，杂草控制，组织森林经营单位，林产品市场预测和营销。

③制订保护政策。在森林经营范围内划定保护区，保护那些对干扰极敏感的物种，并制订计划保护珍稀、受威胁和濒临物种。

8.1.2.2 森林经营计划的空间规划和时间安排

森林经营计划要从空间规划和时间安排上加以组织，通过时间和空间配合实现理想的森林结构和状况。

(1)空间规划。森林经营效果与空间结构息息相关，若一个林分被皆伐，景观中立即呈现出一个裸露斑块。多个林分累计效应，景观上表现为破碎化程度增加，导致水土流失加剧和物种生境破坏。这种情况多采用多规模空间系统途径实现，即生态区域、景观(河流)和林分等层次，不同尺度的产出和目标要求不同，需要解决各自的空间格局分析和经营决策问题。在景观层次上，主要考虑物种多样性保护、皆伐与道路优化配置等；在林分层次上，一些结构措施可导致许多具体目标的实现，如形成景观良好的背景和基质，保留粗木质残留物和少量秸秆建立良好的微生物环境，通过集约经营措施提高目标树种的生产力等。

(2)时间秩序。合理的时间秩序是指在一个实行永续利用的经营单位或林分里，具备一年生到成熟林的各种年龄的林分，形成连续采伐的时间序列。目前许多森林问题，不能在一个轮伐期内解决，必须考虑与群落演替相关的多世代时间尺度。最典型的阔叶红松次生林经营的“栽针保阔”策略，即按森林发展动态的自然模式经营次生林，通过人工栽植针叶树(红松、云杉、冷杉、落叶松、樟子松)，不断保留和引入天然更新的阔叶树(杨树、白桦、水曲柳、紫椴、胡桃楸、黄波罗等)，最终形成原始林的针阔混交林。

8.1.3 森林可持续经营方面

森林可持续经营政策包括：①森林经营中的区域和目标。森林经营中避免单一的目标和尺度。②维护公众价值和私有权。要使经营主体接受生态系统经营需要通过补偿、成本分摊、林地交换、税收鼓励等手段。③搭建具有空间规模大和时间尺度长的森林经营框架。这就需要更广泛地调查森林资源；明确“景观”在社会和政治上的意义；开展有效的营林实践，维持更完善的生态过程；进行监控，提供分析数据；当不能满足目标或改变目标时，及时变更程序和策略；跟踪林地上和社会价值方面变化。④提供制度方面的稳定性以实现目标，如承认林业在产权和林业政策上的长期性。⑤为公众商议、交流搭建平台，有利于建立广泛的目标和为经营过程提供信息。

8.1.4 森林经营组织方面

随着人类生产活动和管理活动的不断变化，森林经营也处于不断变化中，因此必须具备学习能力、弹性和适应能力以应对变化和不确定性。

①森林经营单位或个人要转变思维方式，学会系统地思考，把焦点放在辨识相互关系及变化上，即更长期的、更大的系统；从生物、非生物和社会科学中综合信息；将信息综合到森林资源经营的广泛战略，产生维持长期森林生产力所必需的知识。

②提高森林经营者个人的素质和专业技能。能够以系统的眼光判别联系、寻找问题，并实现目标。

③在森林经营中，要通过不断地检验、评价及修正，保持开放的思想模式，以景观、多世代和不断拓宽的森林价值观念重新审视和思考当前事物。

④森林经营中，发展一个共同憧憬，即可持续经营，激励经营者去努力奋斗。

⑤通过发展团队学习的能力来创造并实现憧憬。团队学习是对话、交流和一起思考、自由探索的过程，通过团队学习，会持续不断地发生观点和意见上的冲突，但能够以建设性的方式控制和化解冲突，产生新的和更有价值的观点。[121]

8.2 森林采伐的管理政策

森林采伐是根据森林的生长规律对森林进行收获调整的一种经营措施，也是利用森林产品的一种最主要的手段。森林采伐管理是森林永续经营和森林生态保护的重要制度保障，也是平衡私人林业经济利益和社会公共生态安全利益之间和谐关系的重要制度安排。自 1987 年以来，我国建立了以采伐限额管理制度为核心的森林采伐管理制度，包括采伐限额管理制度、年度木材生产计划管理制度和木材凭证采伐管理制度。这些制度对保护森林资源起到了重要作用。随着社会主义市场经济体制的不断完善，国有林权制度改革和现代林业建设的不断深入，现行的森林采伐管理与落实承包户处置权的要求和森林经营的矛盾日益突出，特别是采伐申请程序复杂、渠道不畅，指标分配不合理、不及时，影响了正常的森林经营，因此亟待改革完善。

8.2.1 科学编制严格执行森林经营方案

森林经营方案是指导森林经营单位科学经营、合理利用森林资源的依据。科学编制、依法审批审核并严格实施森林经营方案是实现森林可持续经营的重要前提。

森林经营方案应以森林经营单位为总体，允许跨县、市、区，按县级行政区域实施。森林经营方案的主要内容是明确承包户一定经营期限内各类森林的培育目标、经营方针，以及营造、管护和利用的具体经营措施，并落实到具体经营小班。在编制森林经营方案时，原则规定经营面积在 5000 亩以上的承包户个人或企业在所属林业局指导下自主编制森林经营方案，经营面积小于5000亩的承包户个人由所属林业局统一编制森林经营方案。

森林经营方案应经过审核或审批后执行。根据《森林法》规定，市县林业局统一编制的森林经营方案，上报省林业厅批准后实行；承包户的森林经营方案，应在所在县市林业局的指导下编制，并上报省林业厅审批或审核。

建立落实森林经营方案的监督、评价机制。森林经营单位要按照森林经营方案认真落实各项森林经营措施。林业主管部门建立严格实施森林经营方案的检查、监管、责任追究制度。在采伐审批和实施监管方面，应逐步转入以森林经营方案为依据。对不按森林经营方案施业的，不予安排采伐指标，不予审批采伐许可证。

8.2.2 实施森林采伐分类管理

为适应国有林权制度改革后非公有制林业的迅速发展，需要放开对非公有商品林采伐量的限制，确保其采伐需要。

国有林权制度改革后，承包林地上的林木，已编制森林经营方案的，按照森林经营方案分配采伐指标，批准采伐申请，核发林木采伐许可证；未编制森林经营方案的，按照森林资源所占份额和分类排序的原则安排采伐指标，批准采伐申请，核发林木采伐许可证。对于承包户因调整林木树种种植结构而营造的林木，可由承包户自主经营，对申请采伐的，林业主管部门应及时核发林木采伐许可证。

承包户经营的非公有制林中，对于成过熟林可以安排主伐，中幼龄林可以安排抚育采伐、更新采伐、低产低效林改造等，同时进行分项限额。另外，在承包经营的林地中，按照森林经营方案进行采伐，有结余限额时，经林业主管部门批准后可以结转到以后各年度使用。[122]

8.2.3 合理安排采伐计划，简化采伐管理环节

森林经营者在进行森林采伐时，可按照森林资源数量、可采资源结构、对森林依赖程度分别安排采伐计划。对于编制森林经营方案较简易的，可实行统筹安排，根据森林经营类型和林分年龄安排林木采伐计划。

通常以下几种情况可以考虑实行采伐指标单列：单独编制森林采伐限额的承包个人或承包企业；单独统计建档森林资源并且已编制森林经营方案的经营主体；经

营规模超过5000亩以上的承包个人和承包企业。[117]

森林采伐管理环节要进行简化，森林经营者需要采伐林木的，可以向林业局直接提出申请，取消其他各类中间审核环节。对于伐区调查设计环节上也要进行简化，对流转到承包户的森林可以实施简易伐区调查设计，实行皆伐作业的，以面积控制为主，实行择伐作业的以蓄积控制为主。对符合设计要求的，按照实际采伐量核销采伐限额指标。

8.2.4 取消年木材生产计划和出材率

实行年度木材生产计划管理，在实践操作上既难度大，也无必要。黑龙江省人民政府依照国发[2011]41号文件，已将“十二五”期间年森林采伐限额直接分解下达到各编制单位，国家林业局每年初先下达一次木材生产预安排计划，后再下达正式计划，事实上，设定这一环节已无多大现实意义。所以，国家应该取消木材生产计划制度，只需执行森林采伐限额管理制度即可。另外，为鼓励林木经营者充分利用木材，提高木材利用率，建议国家只下达采伐限额蓄积量，取消下达出材率和出材量限额。

同时，在流转森林采伐过程中，坚持执行实践证明行之有效的相关制度和规定，如：伐区设计、采伐公示、现场划拨、青山检尺、伐后验收、迹地更新等。在此前提下，取消下达出材率和出材量限额，将采伐蓄积、采伐面积、出材量3项指标改为采伐蓄积、采伐面积两项控制指标，以提高出材量、提高利用率。

8.2.5 积极探索商品林按面积限额采伐管理新途径

按面积限额采伐管理是把目前按蓄积限额进行林木采伐控制的管理模式，转变为国家林业局和黑龙江省林业厅实行蓄积限额控制，县市级林业局实行面积限额控制的林木采伐管理模式，并在采伐设计、审核批准、伐区监管和木材运输等相应环节上进行全面调整。[123]

面积限额采伐管理在国家林业局和黑龙江省林业厅蓄积限额管理的控制下对县市林业局实施面积限额管理。面积限额量为上级下达的蓄积限额减去应预留蓄积限额，再除以该地区该类型林分平均单位面积蓄积量。预留限额主要用于重点工程征占地、森林火灾、病虫害和散生木等特殊性质采伐。

在伐区设计上，由承包户自愿聘请具有资质的伐区调查设计单位进行。伐区设计人员利用1∶10000的地形图进行现场调汇伐区边界，对边界地物标志不明显的，应利用罗盘仪或GPS进行测量定位，测算采伐小班面积。采伐蓄积测算可以采用目测法，不舍标准地进行每木检尺。完成采伐面积、地点、树种和林种等因子调查后，由调查单位出具采伐作业设计书，对设计质量负责。承包户在规定的实效内凭借采伐申请书、作业设计书和林权证等材料向林业主管部门提交采伐申请。

所属林业局收到采伐申请材料后，在规定的时限内结合已有的林权小班数据及图面材料，相关指标是否符合采伐规定。核实后可办理采伐许可证，按采伐面积收取规费。林业规费实行源头征收制度，收取金额为单位面积规费与采伐面积的乘积。单位面积规费标准由林业主管部门统一规定，并根据上年度木材采伐单位面积出材量和木材市场价格进行调整。

采伐验收由林业主管部门在采伐后对伐区进行验收，检查伐区是否按采伐证的规定进行采伐。对于检查不合格的伐区，林业主管部门依法进行查处；对于检查合格的伐区，还要定期组织进行抽查。发现违规采伐，追究其相应法律责任。

伐区木材实行凭证运输，林木所有者需凭采伐证办理木材运输手续。申请运输数量应与采伐证上相符。同时，避免伐区木材流失或非法木材充当伐区木材，要进行现场验尺。森林公安稽查人员要加大对伐区采伐、木材运输经营过程中违法行为的稽查力度。

8.3 林权流转政策

随着社会主义市场经济体制的建立和完善，社会对资源的配置已经逐步由计划配置转向市场配置。林地最为一种具有资本属性的自然资源，只有通过引入市场机制，进行优化和合理配置，才能最大限度地实现其开发利用价值。[124]

8.3.1 林权流转应遵循的原则

(1)资源的优化配置原则。国有林权流转的重要目标就是使林地实现适度规模经营，提高资源的配置效率。因此，林地任何方式的流转都必须促进林地和资金、技术和劳动力等其他要素的合理组合。

(2)平等自愿合法互利原则。林权流转双方的地位应当是平等的，因此，对于流转的内容、方式、条件等问题应由双方共同协商。在流转过程中，流转双方必须遵循《森林法》、《物权法》等相关法律法规，不得改变林地所有权的性质和林地的用途等要求。必须充分尊重承包户的意愿与切身利益，不能采取行政强制手段侵犯承包户权益。林地使用权的物权性质决定了流转的自愿原则，林地流转要坚持承包户自愿协商、公平交易，体现其林地使用权的价值，逐步实现按市场规则合理定价。

(3)因地制宜原则。由于各地的自然和经济社会条件的不同，区域经济基础和承包户四项观念等方面也存在差异，决定了在不同地区要采取不同的流转方式。流转多少，如何流转，只有因地制宜、区别对待，才能充分发挥不同地区林地资源的最大潜能。

(4)规范有序原则。林权流转要按照市场经济的要求，建立规范有序的市场化流转机制。现阶段，可以采取一些必要的手段来加强宏观调控和监管。[70]

8.3.2 规范林权流转行为

(1)林权流转主体。林权证作为林业中的权属证书，由林业主管部门在登记造册后发放给权利人，是权利人享有森林及林地使用权和林木所有权的合法凭证。国有森林资源的流转，由县级以上人民政府林业主管部门审核同意后，转国有资产管理部门批准。

(2)林权流转客体。林权流转客体包括用材林、经济林和薪炭林等商品林林地使用权和森林、林木所有权，采伐迹地、火烧迹地、残次林地、退耕还林地、疏林地、宜林地的使用权。同时，应允许林权权利人将林权分离，组合成新的林权进行流转，如非木质资源药品、木本粮油、花果叶、物种基因的开发利用权、碳汇交换权等。但规定一下森林资源不得转让：①林权有争议的；②没有林权证的。

(3)林权流转方式。林权流转方式包括租赁经营、股份合作经营、出租、转让、转包、委托承包、抵押、赠与等。

(4)规范林权流转合同。林权流转合同包括：①转让方和受让方姓名；②流转的森林资源林地面积、所属林业局、林场、林班、小班，地理坐标等；③林木蓄积；④流转价款和支付方式；⑤流转期限和起止时间；⑥森林防火和病虫害防治责任；⑦对林地保护责任；⑧自主经营管理权力。同时，还需考虑：①稳定林地所有权；②明确转让方和受让方的权责关系，转让方不准干涉受让方自主经营，受让方不准破坏生态环境、不闲置浪费林地；③明确造林更新主体、造林质量标准及新的林权归属；④建立合同备案制度。国有森林流转的流转合同应当报国家林业局和国有资产管理部门备案。

8.3.3 培育林权流转市场

(1)鼓励和规范承包户自发流转。承包户之间的自发流转可以减少管理成本、规避制度约束，同时追求利益最大化。鼓励地处偏远、过于分散的林地因管理不便或管理成本过大流转给林业大户或为减少管理成本进行联户经营、入股合作经营等。同时在此流转过程中，赋予林权主体自主权，鼓励资源有偿流转，规范流转合同，承认流转的债权效力，引导其及时变更登记，强化林权证和合同管理制度。

(2)放开林权流转市场。①放开林地使用权出让市场。国家允许以林地所有者身份将国有林场的林地使用权在一定年限内让与其他使用者，并由使用者向国家支付林地使用费用。使用者通过出让市场取得国有林地使用权，并可以转让、出租和抵押。②放开林地使用权租赁市场。林地所有者或使用者可以将林地使用权出租给他人使用，并由承租人交纳租金。③放开林地使用权转让市场。国有林地使用者将林地使用权转移给其他企业、组织或个人。通过转让取得林地使用权与通过租赁取得林地使用权的权能不同，前者是一种物权，可以出租、转让和抵押；后者是一种债权，不能出租、转让和抵押。④放开林地使用权抵押市场。林地使用权所有者通过抵押，可以获取资金。当抵押人不能履行债务时，抵押权人有权依法拍卖抵押的林地使用权，并优先受偿。这样可以增加林业资金投入，提高林地生产力。⑤放开森林、林木活立木买卖市场。放开这五类市场，有利于完善林权市场体系，繁荣市场交易，从而促进森林资源的有效配置。[125]

(3)鼓励林权合作。国有林地通过利益分成或支付租金方式将经营权交给公司长期或一定期限经营，这种林权合作可以使森林经营规模有效，既有利于公司稳定经营和提高规模效益，又有利于承包个人提高收益。

(4)加快示范基地建设。示范基地具有科技孵化器、科技示范和辐射功能。示范基地宜采取产权合作、资金和技术互补、集中连片的方式经营，有利于科技推广，提高森林服务质量。

8.3.4 建立林权交易机构

随着市场的扩大，迫切要求有专门的机构实施市场管理。可借鉴土地、房地产市场管理的经验和模式，成立隶属林业主管部门的管理机构——林权市场管理中心，并明确其职能。林权交易管理机构既是市场管理机构，又是中介服务机构，负责办理具体的林权交易手续，包括交易申请受理、登记审核、立契和有关法律法规、政策、信息咨询以及交易双方代理等各种中介服务。

林权交易机构数量不宜过多，避免资源浪费，可以参考股市交易的基本做法，充分利用现代网络技术，实现省——市(县)——国有林场林权交易联网，建立网络交易与现实交易相结合的运行机制，逐步形成相对集中、信息互动和资源共享的黑龙江省国有林权交易体系。原则上一个林业局设立一个林权交易中心，为林权交易发布和传递信息、寻找买家、展示行情、委托交易、直接交易提供统一、开放的林权交易市场，以保障交易双方的合法权益。林业行政主管部门负责林权交易的审核、信息收集和上传、变更登记和事后监管等工作。

8.3.5 加强林权流转监督管理

林业行政主管部门应加强多林权流转的指导、监督和管理，维护流转各方的权益，指导林业经营者按照国家林业法规和产业导向经营林业，最大限度挖掘林地生产力。具体职责是：①制定国有森林资产交易准入规则；②对林地经营者提供法律法规咨询，审查林权流转双方的资格；③明确林权交易合同的签署、林权交易凭证的出具及办理林权变更的程序；④收集、整理、发布林地流转信息和动态；⑤建立林权信息公开查询制度，林权信息包括每宗可交易林地的地理位置、面积、蓄积、立地等级、树种组成、树龄结构、交易基准报价等；⑥审查林地经营者编制的经营方案的合理性和可行性，并督促承包户按森林经营方案经营；⑦审查林权流转合同的合法性和可操作性，指导林权流转合同的签订；⑧指导监督林地林木流转招投标活动，保证林地林木流转招标和拍卖的公开、公平和公正性，防止国有森林资产流失；⑨监督国有林权流转资金的使用、分配和管理；⑩指导开展林地、林木流转纠纷的调处。[126]

8.4 小结

本章提出了黑龙江省国有林权改革的微观配套政策。这些政策包括森林调查、森林经营计划、森林可持续经营、森林经营组织的森林经理经营政策，实施森林采伐分类管理、合理安排采伐计划、简化采伐管理环节、取消年木材生产计划和出材率、探索商品林按面积限额采伐管理等的管理政策，规范林权流转行为、培育林权流转市场、建立林权交易机构、加强林权流转监督等林权流转政策。

结　论

本书在分析国内外研究成果的基础上，以产权理论、制度经济学理论为理论支撑，运用经济学分析、数据包络分析、解释结构模型等定性和定量分析方法，对黑龙江省国有林权试点进行实地调查分析，通过对30个国有林场的效率进行评价，并找出制约国有林权改革的因素进行诊断，最后提出黑龙江省国有林权改革的配套政策，以期为黑龙江省国有林权改革提供可借鉴的理论依据和决策参考。

(1)阐释了黑龙江省国有林权改革与伊春国有林权改革及集体林权改革的差异，明确了研究范畴即黑龙江省地方(林业厅辖属)国有林权改革。在国内外文献分析、实地调研基础上，提出以黑龙江省地方国有林权改革为切入点，独占研究视角。

(2)运用产权经济学理论、以公平和效率视角诠释黑龙江省国有林权改革的机理。黑龙江省国有林权改革过程是公平和效率博弈过程，即实施国有林产权双重两权分离：第一重所有权与承包权的分离和第二重承包权与使用权的分离。第一重分离解决社会公平问题，第二重分离解决效率问题，双重两权分离有机结合体现出公平第一的同时兼顾效率的产权制度安排。二者和谐统一，公平优先体现在国有林地等生产资料初始产权分配阶段，效率优先体现在生产经营环节。

(3)分析了黑龙江省国有林权改革的动因、特征及实质。对黑龙江省国有林权改革的内动因、外动因、基础动因、重要动因进行阐述，就黑龙江省国有林权改革的特征进行归纳，即：制度供给与制度需求的非均衡性、产权契约的不完善性、国有林业职工的强参与性及地方政府的推动性。赋权与规制、相关主体利益的重新分配、新国有林权制度与其他相关制度的适应相容是此次国有林权改革的实质内容。

(4)分析了黑龙江省国有林权改革的现状，并对林权改革前后生态效果、经济效果和社会效果进行对比论述。结果表明，国有林权改革促进了森林资源增长，使森林资源管护问题从根本上得到解决；国有林权改革促进了全社会的资金向林业聚集，也促进了承包户对森林资源远期效益的预期，但林业职工的收入基本没有变化，只是林改收益偿还了部分历史欠账，一定程度上缓解了林业局和国有林场的压力；国有林权改革解决了部分劳动力就业问题，维护了国有林场的稳定、提高了社会和谐程度，促进了政府职能转变。

(5)构建了黑龙江省国有林权改革效率的评价模型。运用非参数数据包络分析(DEA)方法，按照全面性、精简性、关联性、相对性和可操作性原则，以及各决策单元在质和量上的要求，选取了有林地面积、在岗职工人数、技术人员所占比例、资金投入4个投入指标，活立木总蓄积、国有林场产值2个产出指标，使用软件DEAP 2.1基于投入导向的BCC模型对黑龙江省参与林改的11个国有林场和未参与林改的19个国有林场进行了效率评价。研究表明，无论是综合技术效率、还是规模效率、纯技术效率，参与林改的国有林场有效率均高于未参与林改的国有林场。

(6)分析了黑龙江省国有林权改革的制约因素。在借鉴国内相关学者对伊春国有林区林权改革和南方集体林权改革研究基础上，通过广泛的调研、座谈及讨论确定了黑龙江省国有林权改革的制约因素：现行的林木采伐限额管理制度不合理；森林资源资产评估体系不健全；林地林木流转体系不完善；林业投融资实行难；流转后经营者资金短缺；森林保险制度缺失；流转经营林地内的营林道路和防火等基础设施薄弱；林业社会化服务体系发育缓慢。采用具有不同影响强度的ISM诊断模型，对黑龙江省国有林权改革制约因素的内部结构、层次及其因果关系进行诊断，据此为全面实施国有林改革提供依据。

(7)提出了基于森林经理的经营政策。森林经理的经营政策就是运用生态系统方法将森林经理技术运用到森林经营中，实现森林的可持续经营。森林经理经营政策包括森林调查、森林经营计划、森林可持续经营、森林经营组织等政策。

(8)提出了引进林业科技特派员制度。林业科技特派员制度，最为一项满足广大承包户对林业科技需求的制度安排，将林业技术服务的中心下移，利用经济手段调动各个科技部门相关科技人员工作积极性，让科技人员和承包户结成利益共同体，这样，不仅能使科技人员的科学技术知识产生物质回报，同时适应承包户风险规避的特性，加快技术扩散的速度和幅度。

本书是在黑龙江省国有林权改革试点后的4年左右时间内所做的研究，尽管力求能够如实反映林权改革的效果，但由于时间短，改革的效果尤其是参与林改的林业职工收入变化等远期效应还没有完全体现出来，为此，在研究中预留一定空间，以便于今后进一步深入研究黑龙江省国有林权改革的成效和方向。

参考文献

[1] DANIE W. Bromly Property Rights as Authority Systems: The Role of Rules in Resource Management[M]//Emerging Iusses in Forest Policy. UBC Press, 1992.

[2] JOHN W. Bruce and Louise Fortmann. Property and forestry[M]//emerging iusses in forest policy. UBC Press, 1992.

[3] BHAGIRATH BEHERA, STEFANIE ENGEL. Institutional analysis of evolution of joint forest management in India: A new institutional economics approach[J]. Forest Policy and Economics, (8): 350 -362.

[4] A G ADEDAYO, M B OYUN, O. KADEBA. Access of rural women to forest resources and its impact on rural household welfare in North Central Nigeria[J]. Forest Policy and Economics, 2010(12): 439 -450.

[5] ANNE M. Larson. Forest tenure reform in the age of climate change: Lessons for REDD +[J]. Global Environmental Change, 2010(11).

[6] Claudio Araujo, Catherine Araujo Bonjean. Property rights and deforestation in the Brazilian Amazon[J]. Ecological Economics, 2009(3).

[7] Eva Holmgren, E. CARINA H. Keskitalo, Gun Lidestav. Swedish forest commons - A matter of governance[J]. Forest Policy and Economics, 2010(12): 423 -431.

[8] Anna Lawrence. Forestry in transition: Imperial legacy and negotiated expertise inRomania and Poland[J]. Forest Policy and Economics, 2009(11): 429 -436.

[9] Michael Howlett, Jeremy Rayner, Chris Tollefson. From government to governance in forest planning? Lessons from the case of the British Columbia Great Bear Rainforest initiative[J]. Forest Policy and Economics, 2009(11): 383 -391.

[10] Frederick Cubbage, Patrice Harou, Erin Sills. Policy instruments to enhance multi-functional forest management[J]. Forest Policy and Economics, 2007(9): 833 -851.

[11] Ingrid Kissling-Naf, Kurt Bisang. Rethinking recent changes of forest regimes in Europe through property-rights theory and policy analysis[J]. Forest Policy and Economics, 2001 (3): 99 – 111.

[12] Naya Paudel, Mani Ram Banjade, Ganga Ram Dahal. Impacts of Forest Tenure Reform on Livelihoods: Experiences from Nepal.

[13] JUAN M. PULHIN, JOSEFINA T. Dizon and Rex Victor O. Cruzdui. Tenure Reform and Its Impacts in the Philippine Forest Lands.

[14] FREDERICK W. CUBBAGE, DAVID H. 2006. Newman. Forest policy reformed: A United States perspective[J]. Forest Policy and Economics, (9): 261 – 273.

[15] Lorenz Petersen, Armin Sandhovel. Forestry policy reform and the role of incentives in Tanzania[J]. Forest Policy and Economics: 2001 (2): 39 – 55.

[16] Doru Leonard Irimie, Hans Friedrich Essmann. Forest property rights in the frame of public policies and societal change[J]. Forest Policy and Economics, 2009 (11): 95 – 101.

[17] 徐国祯. 乡村林业[M]. 北京：中国林业出版社，1998.

[18] 李周. 林权改革的评价与思考[J]. 林业经济(9)：9 – 13，2008.

[19] 陈锡文. 坚持集体林权制度改革 推进新农村建设[J]. 林业经济，2006(6)：9 – 11.

[20] 华启清，林卿. 福建林地可持续利用的制度方法选择[J]. 林业经济问题，2006(2)：150 – 153.

[21] 沈文星，佘光辉. 福建集体林产权制度改革利益冲突的制度控制[J]. 林业经济，2006(11)：26 – 32.

[22] 刘慧兰. 生态与经济发展互动[J]. 浙江林业，2008(11)：20 – 21.

[23] 裘菊，孙妍，李凌，徐晋涛. 林权改革对林地经营模式影响分析——福建林权改革调查报告[J]. 林业经济，2007(1)：23 – 27.

[24] 宋相涛. 对四川省集体林权改革试点的调查与思考——四川省沐川县集体林权改革的实证分析[J]. 四川林业科技 2008(5)：56 – 58.

[25] 童璧刚. 林业、森林与野生动植物资源保护法制建设研究[J]. 2004 年中国环境资源法学研讨会(年会)论文集(第一册)，2004(7)：288 – 290.

[26] 祝金水. 林业可持续发展的现代走向[N]. 湖北日报，2008 – 12 – 15.

[27] 张利国. 江西省集体林权制度改革探析[J]. 林业科学 2008(7)：79 – 83.

[28] 姜雪梅. 林权制度改革对平原地区林地经营模式影响分析——山东省林权改革调查报告[J]. 林业经济, 2008(10): 30-35.

[29] 雷加富. 集体林权制度改革是建设社会主义新农村的重要举措[J]. 东北林业大学学报, 2006 (3): 1-4.

[30] 刘璨, 吕金芝, 王礼权, 林海燕. 集体林产权制度分析——安排、变迁与绩效[J]. 林业经济, 2006(11): 8-13.

[31] 孔凡斌. 集体林权制度改革绩效评价理论与实证研究——基于江西省 2 484 户林农收入增长的视角[J]. 林业科学, 2008(10): 132-141.

[32] 徐晋涛, 孙妍, 姜雪梅, 李劼. 中国集体林区林权制度改革模式和绩效分析[J]. 林业经济, 2008 (9): 27-38.

[33] 张蕾, 文彩云. 集体林权制度改革对农户生计的影响——基于江西、福建、辽宁和云南 4 省的实证研究[J]. 林业科学, 2008(7): 73-78.

[34] 张海鹏, 徐晋涛. 集体林权制度改革的动因性质与效果评价[J]. 林业科学, 2009(7): 119-125.

[35] 陈幸良, 吴海龙, 袁嵩松. 集体林权改革成效评价与林农政策意愿分析——基于福建邵武的实例研究[J]. 经济研究导刊, 2010(34): 147-155.

[36] 朱冬亮, 肖佳. 集体林权制度改革: 制度实施与成效反思——以福建为例[J]. 中国农业大学学报, 2007(9): 81-90.

[37] 高立英. 河北省集体林权制度改革研究[D]. 保定: 河北农业大学, 2008.

[38] 陈根长. 中国林业物权制度研究[J]. 林业经济, 2002(10): 12-15.

[39] 王兆君. 国有林区森工企业人力资源管理思考[J]. 林业经济问题, 2005(6): 145-148.

[40] 李国庆. 黑龙江省国有林区林权制度改革的探讨[J]. 林业勘查设计, 2008(6): 3-4.

[41] 许兆君, 柏晓东, 张晓梅. 国有林区林权制度改革中社会保障建设模式研究[J]. 林业经济, 2007 (9): 31-36.

[42] 柯水发, 温亚利. 中国林业产权制度变迁进程、动因及利益关系分析[J]. 绿色中国, 2005(10): 29-32.

[43] 王兆君, 刘文燕. 国有森林资源产权制度变迁的理论与实证分析[J]. 中国软科学, 2008(1): 149-156.

[44] 王飞. 国有林产权制度变迁路径研究[D]. 城市：东北林业大学. 2008：96 - 97.

[45] 戴丽萍. 近现代中国林权制度变迁研究. 城市：河北农业大学，2009(5)：46 - 47.

[46] 伊春市国有林业产权制度改革研究课题组. 乌马河林业局实施林权制度改革的调查[J]. 林业经济，2007(9)：53 - 55.

[47] 王显义. 伊春市乌马河林业局国有林权制度改革试点报告[J]. 林业经济，2007(9)：59 - 63.

[48] 许兆君. 从现代产权制度着眼深入推进国有林权改革[J]. 林业经济，2007(5)：13 - 17.

[49] 黑龙江省科学顾问委员会农业生态专家调研组. 伊春国有林区林权改革试点调研报告[J]. 林业经济，2007(9)：56 - 58.

[50] 朱洪革，王志勇. 国有林权制度改革目标及森林资源状况评价[J]. 林业经济，2010(6)：18 - 21.

[51] 张晓梅. 国有林权制度改革中的政策支持研究[J]. 商业研究，2007(12)：100 - 101.

[52] 朱洪革. 国有林权制度改革后承包户投资行为及其影响因素分析[J]. 林业科学，2009(4)：117 - 122.

[53] 万志芳，吴闻钧. 国有林林权改革后相关主体及其利益变化分析[J]. 商业经济，2009(5)：7 - 8.

[54] 曹玉昆，陈建成，陈丽荣. 伊春国有林权改革主体行为与政策的博弈分析[J]. 农业经济问题，2010(5)：89 - 95.

[55] 吴闻钧. 基于国有林权改革的森林经营主体及其行为研究[D]. 哈尔滨：东北林业大学. 2010.

[56] 张晓梅. 国有林权制度改革的政府职能与政策保障研究[J]. 林业经济问题，2007(6)：225 - 228.

[57] 邓雯雯. 国有林权制度改革法律问题研究[D]. 哈尔滨：东北林业大学，2010.

[58] 金丽婷. 国有林区林权制度改革的法律思考[J]. 林业经济，2008(3)：39 - 40.

[59] 周孜予，王爱民，曹玉昆. 伊春国有林区林权制度改革的法律政策分析[J]. 东北林业大学学报，2008(8)：72 - 76.

[60] 刘勇，李智勇，徐斌. 经济转型国家国有林权制度改革经验借鉴[J]. 世界林业研究，2009(2)：6 - 9.

[61] 夏友福，朱德滨，杨雪银，李浩. 3S 技术在林权制度改革中的应用[J]. 西南林学院学报，2007(4)：20－22.

[62] 陈幸良，邵永同，陈永富. 基于 3S 技术与计量经济模型的集体林权改革监测与评价——福建邵武的实例研究[J]. 林业科学研究，2010(12)：816－822.

[63] 刘明虎，李林海. 浅谈 AutoCAD2005 在林权改革总的应用[J]. 热带林业，2008(9)：41－43.

[64] 黑龙江省林业厅森林资源概况，http：//www. hljforest. gov. cn/view/lm0491/article/303564. html.

[65] 关兴江. 黑龙江林业的现状及发展[J]. 黑龙江造纸，2008(2)：40.

[66] 戴丽萍. 集体林权制度改革的经济学分析[J]. 林业经济问题，2008(8)：354－358.

[67] 温铁军，王平，陈雪群. 国有林区改革的困境和出路[J]. 林业经济，2007(9)：2－425.

[68] 道格拉斯·诺思. 新制度经济学及其发展[J]. 经济社会体制比较，2002(5)：5－10.

[69] 邓大才. 效率和公平博弈：中国农地产权制度的变迁轨迹[J]. 理论建设，2000(3)：37－38.

[70] 孔凡斌. 集体林业产权制度：变迁绩效与改革探索[M]. 北京：中国环境科学出版社，2008.

[71] 张曙光. 论制度均衡与制度变迁[J]. 经济研究，1992(6)：30－36.

[72] 王洪. 作为不完全契约的产权：一个注释[J]. 改革，2000(5)：53－54.

[73] 王新清，孔祥智，郭艳芹等. 制度创新与林业发展——福建省集体林权制度改革的经济分析[M]. 北京：中国人民大学出版社，2008：15.

[74] 张俊清，吕杰. 集体林产权制度改革效应分析[J]. 林业经济问题，2007(6)：276－279.

[75] 于德仲. 赋权与规制：集体林权制度改革研究[D]. 北京：北京林业大学，2007.

[76] 曲振涛，杨恺钧. 规制经济学[M]. 上海：复旦大学出版社，2006.

[77] 万志芳. 重塑国有森林资源产权制度[J]. 东北林业大学学报，2004(5)：70－72.

[78] 李晶. 国有林权制度改革的主体冲突及其化解[J]. 改革，2010(4)：124－129.

[79] 孔祥智，方松海，李圣军，涂圣伟. 集体林权制度改革与农村公共产品供给——福建省的经验及意义[M]. 北京：中国人民大学出版社，2008.

[80] 万志芳，吴闻钧．国有林林权改革后相关主体及其利益变化分析[J]．商业经济，2009(5)：7－8.

[81] 万志芳．黑龙江省伊春国有林产权制度改革的思考[J]．林业经济，2009(2)：22－25.

[82] 黑龙江省林业厅．关于印发黑龙江省森林林木林地流转试点实施方案的通知，2007(8).

[83] 孔凡斌，杜丽．新时期集体林权制度改革政策进程与综合绩效评价——基于福建、江西、浙江和辽宁四省的改革实践[J]．农业技术经济，2009(6)：96－104.

[84] 孙妍．集体林权制度改革研究[D]．北京：北京林业大学，2008.

[85] 洪亚军，等．试从经济生态社会角度分析江西省集体林权制度改革[J]．江西林业科技，2008(1)：54－56.

[86] 保罗·萨缪尔森，威廉·诺德豪斯．经济学[M]．北京：人民邮电出版社，2004.

[87] 张忠明．农户粮地经营规模效率研究——以吉林省玉米生产为例[M]．杭州：浙江大学出版社，2008(11)：80－82.

[88] 刘海生．人的异质性："经济人"假设的新内容[J]．经济学家，2003(5)：88－90.

[89] 史清华．农户经济可持续发展研究——浙江十村千户变迁(1986－2002)[M]．北京：中国农业出版社，2005.

[90] 西奥多.W．舒尔茨．改造传统农业[M]．北京：商务印刷馆出版社，1987.

[91] 林毅夫．制度、技术与中国农业发展[M]．上海：上海人民出版社，2005：3－4.

[92] 魏权龄．数据包络分析[M]．北京：科学出版社，2006：35－40.

[93] 姜钰．区域科技与经济系统协调发展研究．城市：东北林业大学出版社，2009：118－120.

[94] 王振道．基于DEA两阶段法的我国农业上市公司经营绩效评价研究，2009(3)：30.

[95] 熊正德．效率测度方法DEA的研究进展与述评[J]．统计与决策，2004(11)：149－151.

[96] 陈洪转．我国商业银行效率实证研究[M]．生产力研究，2005(9)：59－1.

[97] 赵晏．基于DEA方法的农业上市公司技术效率研究[D]．西安：西北农林科技大学，2009.

[98] 张俊容，郭耀煌．评价指标与DEA有效的关系．系统工程理论方法应用，2004(11)：520－23.

[99] 杨玮. 基于 DEA 方法的我国林业全要素生产率实证研究[D]. 北京：北京林业大学，2010.

[100] 刘于鹤，林进. 一场伟大的变革——集体林权制度改革调研报告[J]. 林业经济，2007(11)：8-14.

[101] 田淑英. 集体林权改革后的森林资源管制政策研究[J]. 农业经济问题，2010(1)：90-95.

[102] 张晓梅，柏晓东. 黑龙江省国有林业产权制度改革研究——综合效益评价与操作对策[J]. 林业经济，2007(8)：45-64.

[103] 杨朝兴. 集体林权制度改革中的政府调节与服务——豫南及豫西南地区林权制度改革情况的调查思考[J]. 林业科学，2008(4)：157-160.

[104] 张蕾，等. 当前林权改革中存在的问题及建议[N]. 中国信息报，2008-3-31.

[105] 孔凡斌，杜丽. 集体林权制度改革中的林权流转及规范问题研究[J]. 林业经济问题，2008(5)：378-384.

[106] 张春霞. 我国私有林发展的制度经济学解释[J]. 农村经济，2007(8)：38-41.

[107] 雷加富. 深入推进伊春国有林权改革试点努力探索国有林区改革发展新路径[J]. 林业经济，2007(9)：8-9.

[108] 张利国. 江西省集体林权制度改革探析[J]. 林业科学，2008(7)：79-83.

[109] 谭世明，张俊飚. 制度变迁视角下集体林权制度改革研究[J]. 农业现代化研究，2008(9)：562-563.

[110] 温铁军. 国有林区改革的困境和出路[J]. 林业经济，2007(9)：23-26.

[111] 李永岩，朱磊. 集体林权制度改革后林木采伐管理面临的问题及对策[J]. 华东森林经理，2007：15-18.

[112] 李祖贻，等. 福建省集体林权制度改革后森林资源经营和采伐管理的对策[J]. 林业资源管理，2006(9)：12-15.

[113] 王莹. 伊春国有林权制度改革问题研究[D]. 哈尔滨：东北林业大学，2008.

[114] 汪应洛. 系统工程理论方法与应用[M]. 北京：高等教育出版社，2005.

[115] 邢美华. 林权制度改革视角下的林业资源利用：方式·目标·政策设计[D]. 武汉：华中农业大学，2009.

[116] 林阿楠，张广宇. 国有林权制度改革中的几个问题[J]. 中国金融，2009(8)：85-86.

[117] 冷清波. 江西省集体林权制度改革及配套服务体系建设研究[J]. 北京：气象出版社，2009.

[118] 钟艳，谷梅. 林业社会化服务体系的问题与对策探讨[J]. 绿色中国，2005(8)：47－48.

[119] 沈月琴，等. 浙江省林业专业合作经济组织发展对策研究[J]. 浙江林业科技，2005(3)：79－82.

[120] 高柏成，等. 2004. 文安县林业社会化服务体系建设初探[J]. 河北林果研究(12)：524－527.

[121] 邓华锋. 中国森林可持续经营管理研究[M]. 北京：科学出版社，2008(3)：327－363.

[122] 侯长谋. 完善森林采伐管理制度促进森林资源持续发展[M]. 林业资源管理，2007(1)：11－13.

[123] 朱磊，等. 南方集体林区人工用材林按面积限额进行采伐管理的改革探索[J]. 林业资源管理，2008(2)：15－17.

[124] 周新玲. 林地使用权流转的调查分析——以湖北省为例[J]. 中国农村经济，2005(5)：71.

[125] 胡加林，叶雄英. 林业产权市场初探[J]. 江西林业科技，2005(6)：20.

[126] 闵俊贤. 林权流转暨权益人保护初探[J]. 四川林业科技，2007(2)：114.

后　记

本书是在我博士学位论文基础上完成的。本研究是国家社会科学基金青年项目 11CJY021 的部分研究成果，同时本研究承蒙黑龙江省科技攻关软科学项目“国有林区林权改革后续配套政策与制度研究”(GC008D210)的资助，特致殷切谢意。

在本书的研究中，我付出了极大的努力，值此书稿完成之际，尽管心中有一分收获的喜悦，些许有些欣慰，但并无完全如释重负的感觉，更有一份无形的压力，仍感到尚有许多问题需要进一步深入研究。

涉足林业经济研究领域是从我读博士学位开始的，起步很晚。但令我欣慰和幸运的是我遇到了人生中一位很好的领路人——我的博士生导师曹玉昆教授。作为她的学生，我一直被她那兢兢业业的钻研精神、高尚的人格魅力、乐观豁达的胸怀、宠辱不惊的处事态度感染着，被她那严谨治学、诲人不倦、求真务实的精神感动着。是她的支持坚定了我研究的信心和决心，她丰富的经验以及对复杂事情的准确判断，帮助我克服在研究中的各种困难。她还经常鼓励我要不断跟踪学术前沿，把握研究方向，她的言传身教让我受益终生。这些都是我能够顺利完成本书的巨大动力。在此向我的导师曹玉昆教授致以最由衷的感谢和最诚挚的敬意。

本书的写作过程中，得到了东北林业大学经济管理学院各位领导、同事给予我的支持、理解和帮助！尤其感谢田国双教授、万志芳教授、耿玉德教授、岳上植教授、朱洪革副教授、王威副教授、姜钰副教授对本书提出的中肯意见和建议。

此外，在本书研究和实地调研期间，得到了黑龙江省林业厅、黑龙江省汤原县林业局、宁安市林业局、黑河市爱辉区林业局、勃利县林业局、宾县林业局、鹤岗市林业局等有关单位和部门的支持，承蒙黑龙江省林业厅副厅长杨国亭教授、林改处崔友君处长、王久伟师兄的热心指导与帮助，不胜感激。

能够按时完成书稿，还要特别感谢我的爱人，秉烛夜读有你的陪伴！感谢我的父母和婆婆，正是他们的理解和鼎力支持，悉心关怀和默默无闻的付出，才使我能够顺利完成写作。

最后感谢我那活泼可爱的女儿，在我读博士学位期间，我的女儿出生了，她的到来，让我感到生命的意义，让我体味到为人母的骄傲和满足，让我体味到为人母的责任和担当，更让我体味到生活的幸福和快乐！

感谢生命，感谢生活，感谢陪伴在我身边的每一个人！

仲维维
2013 年 1 月于哈尔滨